felicidade distraída

um contrato com a simplicidade

felicidade distraída
um contrato com a simplicidade
2ª edição

fabíola simões

ns
São Paulo, 2022

Felicidade distraída – Um contrato com a simplicidade

Copyright © 2017 by Fabíola Simões de Brito Lopes
Copyright © 2022 by Novo Século Editora Ltda.

Editor: Luiz Vasconcelos
Coordenação editorial: Stéfano Stella
Preparação: Fernanda Guerriero
Revisão: Daniela Georgeto
Diagramação: Manoela Dourado
Capa: Marcela Lois

Texto de acordo com as normas do Novo Acordo Ortográfico da Língua Portuguesa (1990), em vigor desde 1º de janeiro de 2009.

Dados Internacionais de Catalogação na Publicação (CIP)
Angélica Ilacqua CRB-8/7057

Simões, Fabíola
Felicidade distraída: um contrato com a simplicidade / Fabíola Simões. – 2. ed. – Barueri, SP: Novo Século Editora, 2022.
208 p.

1. Ensaios brasileiros 2. Felicidade 3. Vida 4. Amor I. Título.

| 22-1737 | CDD-869.4 |

Índice para catálogo sistemático:
1. Ensaios brasileiros 869.4

GRUPO NOVO SÉCULO
Alameda Araguaia, 2190 – Bloco A – 11º andar – Conjunto 1111
CEP 06455-000 – Alphaville Industrial, Barueri – SP – Brasil
Tel.: (11) 3699-7107 | E-mail: atendimento@gruponovoseculo.com.br
www.gruponovoseculo.com.br

Para duas mulheres
feitas de coragem,
poesia e afeto:
Vó Dina e mãe Clau.

"Felicidade se acha é em horinhas de descuido."

GUIMARÃES ROSA

"Tornou-se pedra a menina que um dia foi flor"

Os dias mais marcantes são aqueles em que a gente sai deles um pouco modificados. São os dias dos quais nos lembraremos para sempre, não importa quanto tempo passe. São os dias em que, sem anestesia alguma, somos confrontados com as verdades que nos fazem crescer e, de alguma maneira, enrijecer.

É preciso cuidado para não se blindar demais. Cuidado para não tornar pedra o que um dia foi flor. Cuidado para não deixar de acreditar na poesia, na delicadeza, no amor.

Todos nós passamos por sustos. Por momentos em que a vida nos dá uma rasteira, e não sabemos mais em que solo pisamos. A gente se fere, se fecha, se ressente. Mas é preciso força para ser novamente semente.

Para transformar pequenas gotas de orvalho em banho de chuva corrente. Para chorar mágoa e renascer flor. Para enxugar o pranto e cicatrizar a dor.

Não é de uma hora para outra que a gente endurece. A dor é cumulativa, e, de tanto sentir o chão ruir, vamos nos fechando também.

Aos poucos fui tecida concreto, cimento e rocha. Aos poucos, tornou-se pedra a menina que um dia foi flor.

Porém... Ninguém é feliz por inteiro quando perde a fé. Quando perde a esperança por dias risonhos e noites dançarinas.

Quando não há transpiração nem emoção. Quando falta amor e sobra rancor.

Por isso e para isso existe o tempo. O tempo que sopra as feridas e afofa o solo árido de nossas crenças e emoções. O tempo que restaura a dor e seca o pranto. O tempo que possibilita que volte a ser flor o que um dia foi pedra.

Contrariando o que se esperava dela, a flor rasgou o chão. A flor rompeu a muralha de cimento e buscou a luz. A flor encontrou uma sutura malfeita na rocha e brotou inteira, forte e verdadeira, sob os raios de sol. A flor desafiou as intempéries da jornada e resistiu como alicerce de delicadeza e fortaleza.

Que haja mais motivos para ser flor do que pedra. Que minha alma não endureça a ponto de murchar diante do primeiro obstáculo, nem de perder o viço diante da aridez do terreno. Que não faltem brisas de esperança, chuvas torrenciais de harmonia e luz abundante de calmaria.

Os dias mais marcantes são aqueles em que a vida contraria o óbvio. Em que os começos difíceis são massacrados pela força de um final feliz. Em que a brisa suave do pensamento leva embora um furacão de sentimentos. Dias em que a urgência de ser feliz aprende a ser calmaria do encantamento. E tempo em que toda a poesia grita em detrimento de todo barulho que há em mim...

"Somos as coisas que moram dentro de nós"

Adoro tomar café na casa da minha mãe. Os bolos e pãezinhos são pretextos para uma tarde de conversa solta e lembranças calorosas ao redor da mesa. As toalhinhas bordadas à mão ("com o avesso perfeito!") são delicadezas em forma de cuidado, e o vapor cheiroso da garrafa térmica assinala o tempo terno da prosa regada de afeto.

Há uma frase de Rubem Alves que diz: "Somos as coisas que moram dentro de nós". E essa manhã, na mesa do café com minha mãe, recordando emocionadas a trajetória de dona Conceição, minha avó (há muitos anos falecida), tive certeza dessa frase.

Já não é possível caminharmos sozinhos. Depois de certo tempo e algumas vivências, percebemos que nossa bagagem torna-se muito mais ampla, e descobrimos que somos a soma daquilo que vivemos, que descobrimos, que escolhemos, que deixamos pra trás.

Somos a concretização dos planos e a finalização de ciclos. Somos a morte de um tempo e a esperança por novos dias. Somos as cadeiras na calçada de nossa infância, a chaleira apitando na cozinha, o melado raspado no fundo da panela. Somos o relógio marcando a hora de voltar para casa, o andar descalço na ponta dos pés enquanto todos dormem, a flor roubada amanhecendo no chão do nosso quintal. Somos acorde de violão enchendo o ar de uma noite estrelada e a despedida antes da hora prometida. Somos encontro, certeza, realidade e verdade. Somos lembrança, desistência e recomeço. Somos início, somos fim. Somos, acima de tudo, impermanência.

A vida é marcada pela impermanência do tempo, das coisas, das pessoas. Sabemos que, em um momento ou outro, teremos que andar sozinhos, mas ainda assim levaremos conosco tudo o que permanece morando em nós.

As toalhas enfeitadas pelas mãos bordadeiras de minha mãe são testemunhas de um tempo bom, de conversas e lembranças ao redor da mesa farta de afeto e de café. Um dia irão enfeitar outras mesas e contarão a história de nossos encontros, momentos que hoje me trazem muita alegria e paz.

Algumas coisas têm o dom de permanecer eternas. É sobre elas que falo. Sobre aquilo que nunca esqueceremos, não importa quanto tempo passe. Sobre aquilo que pode transbordar novamente durante o uso de uma porcelana de família, ao som de uma música antiga ou à menor menção de uma época feliz.

Rubem Alves tem razão. Somos as coisas que moram em nós. E é por isso que devemos costurar nossas histórias com cuidado, porque não há como voltar. Ninguém pode voltar. E, para seguir em frente sem levar dores ou remorsos na bagagem, é preciso valorizar os momentos que passamos ao lado daqueles que amamos. Entendendo que a vida é cheia de despedidas, e, quando a gente percebe, o sol se pôs e nosso melhor tempo já se foi.

Que não seja permitida a saudade do que teve que partir levando um pedaço de nós; mas que permaneça a serenidade diante das esperas e a capacidade de regenerar-se quando um tombo nos faz em caquinhos.

Que não nos falte motivos para acreditar que somos o que carregamos, e por isso devemos ser gentis com nosso jardim, pois a noite chega logo, e antes que o dia termine é preciso ter desabrochado e florido um pouco mais...

As mãos de minha mãe

O tempo insiste em ser verdadeiro no dorso das mãos. O rosto despista, atenua os anos corridos com corretivos simples e semblante suave, mas as pregas das mãos denunciam o tempo dos ganhos e das perdas, dos dias vividos e irremediavelmente vencidos.

O tecido que recobre suas mãos conta os anos de magistério com o giz em punho, a sensação de sentir-se segura no entrelaçamento de dedos com meu pai, o tempo de gerar e criar, o sol diário na despreocupação com o protetor solar, o carinho ao cair da noite, a firmeza ao volante, os gestos exagerados durante as costumeiras piadas, os movimentos contidos na desavença, o calor na menopausa, o frio na tristeza, o suor na espera, a suavidade resignada na prece e recomeço.

Sabe, mãe, carrego alguma nostalgia da época em que suas mãos eram lisas e uniformes. Mas é no hoje, porém, que aprendi a respeitar o significado do desenho das veias que saltam através do tecido fino, e das manchas salpicadas como gotas de tinta decorando a fina estampa de sua superfície. Trazem mais história que ambição, exemplo de uma vida de coragem e superação.

Observo seu rosto, mas a sinto em suas mãos. Sei que carregam o tempo e a vivência, o que deixou pra trás e o que tem guardado dentro de si. E admiro os sulcos que traduzem o amadurecimento e o olhar reciclado perante a vida; a sabedoria de entender-se completa, ainda que lhe faltem pedaços.

Talvez os sulcos sejam mais que deficiências cutâneas provocadas pelos raios de sol. Talvez sejam faltas que lhe acompanham e hoje fazem parte daquilo que se tornou.

Sinais de uma vida repleta de presença e ausência, orfandade e resiliência, alturas e tombos. Sei de seus voos, mãe, mas também acompanhei sua perda de altitude. Você, que sempre esteve no comando, teve que aprender a ser conduzida também. E isso lhe tornou uma pessoa melhor. Com mais marcas, mas melhor.

É por isso que admiro tanto suas mãos, mãe. Porque me mostram que você não é de ferro. Você é de verdade, assim como eu e meus irmãos. E descobri-la mais humana tem me ajudado a entender a vida também. Porque assim é mais fácil compreender que todos nós – até você – carregamos dúvidas, incertezas, desilusões. Mas tudo isso é superável também. Apesar dos cabelos brancos e das pintinhas coloridas, estamos diariamente tentando resistir. E você é dura na queda, mãe. Você é porreta. De uma fé e certeza tão grandes que a gente duvida se é feita do mesmo tecido. Mas então eu tenho as suas mãos. E elas dizem que sim, que você também enfrenta desafios, você também sente na carne cada uma de suas dores. A diferença é que aprendeu a lidar bem com elas, e não está nem aí se lhe causaram algum dano, visível ou invisível. Você só quer saber do que virá depois.

Agora recordo uma história que aconteceu há aproximados dois anos. Fomos visitar minha amiga que tinha perdido a mãe no dia anterior. Eu perdi o apetite porque sentia a perda da mãe dela dentro de mim, como se fosse você que não estivesse mais ali. Mas você estava. E, ao ser confrontada pela sobrinha da minha amiga, que não entendia o porquê do sofrimento e da morte da avó, disse-lhe mais ou menos isso: "Você ainda não entende porque tem muito chão pela frente. Quando tiver a minha idade, vai aprender e conseguir aceitar também". Acho que, naquele momento, as mãos da menina começaram a rachar também, só que de um jeito imperceptível. Mas você soube apaziguar um pouco a dor. Do alto de seus sessenta e poucos, soube colocar aquelas mãos tão jovens entre as suas e doar uma ponta de serenidade...

Minhas mãos começam a mudar também. Estão mais finas, e o esverdeado das veias faz contraste com o caramelo de minha pele. Meu filho chama a atenção para elas. Diz que estão mais magras e entendo que o colágeno vai indo embora enquanto se aproximam outras noções acerca do meu tempo e espaço.

Aos poucos sigo seu caminho e desejo assemelhar-me a você. Nos gestos, nas andanças, na vontade de responder ao mundo como você tem respondido.

Mostrando ao Bernardo que, ainda que não haja remédio para a perda de gordura e saliência dos tendões, há delicadeza e poesia no tempo que chega de mansinho, de um jeito ou de outro, irremediavelmente.

Obrigada, mãe, por não tentar esconder o traçado de suas mãos. Por não querer disfarçar os sinais de um tempo que se desenrolou cheio de promessas e desfechos nem sempre fiéis ao que se esperava deles. Por me mostrar que a vida nos aproximou como meninas crescidas, e hoje posso me preocupar com você tanto quanto você se preocupa comigo.

Obrigada por me ensinar a não censurar o que o tempo traz sem o nosso consentimento, perdoando as marcas que não podemos controlar, reagindo com alegria aos dias que nem sempre são só bons.

Acima de tudo, por me dar a mão e mostrar que nossos sinais são resquícios de uma vida que se viveu intensa e plenamente.

"O importante não é a casa onde moramos. Mas onde, em nós, a casa mora"

Adoro a prosa poética de Mia Couto. Entre tantos livros, tenho preferência por meu primeiro exemplar: *Um rio chamado tempo, uma casa chamada terra*. Revisito suas passagens e me aprofundo em suas reflexões carregadas de sensibilidade e poesia. Uma delas, em particular, me atrai: "O importante não é a casa onde moramos. Mas onde, em nós, a casa mora".

Alguns lugares permanecem vivos dentro da gente, independentemente do tempo em que vivemos neles. Sobrevivem ao tempo, às despedidas e desistências, às necessidades de se seguir em frente, ao desapego. Resistem como alicerces tão firmes quanto foram as lembranças e, mesmo sendo objetos, perduram repletos de memórias.

Não morei naquela casa, mas durante algum tempo foi o lar de meus pais. Antes do bilhete de despedida, era lá que passávamos os finais de semana, entre pães de queijo do sul de Minas e conversas na varanda, enquanto meu filho e sobrinho experimentavam as primeiras brincadeiras.

Era uma casa grande, centenária, tombada pelo patrimônio histórico, com janelões do tamanho de portas, e altura do teto a perder de vista. Uma casa bonita do interior que se destacava na descida da Matriz em direção à praça do coreto.

Ainda me lembro da última noite.

Já tinha fotografado seus cômodos e agora a estante da sala reinava vazia, restando apenas a televisão. Preferimos nos distrair da realidade e assistimos ao filme recém-lançado de Arnaldo Jabor: *A suprema felicidade*. De lá vinha a frase: "Nada é só bom", e entendíamos que aquele momento era o nosso "não bom", mas ainda assim seria revisitado muitas outras vezes, como um refúgio de lembranças e saudades.

Um ano depois, de férias pela região, esbarramos na casa aberta à visitação pública. Era época de Natal, e ali funcionava uma feirinha de artesanato comemorativa. Entrei de mãos dadas com o filhote e na cozinha chorei.

Chorei não pela falta da casa, mas, sim, pela presença viva dela dentro de mim. Por enxergar minha mãe abrindo o forno e eu ajudando com a louça. Por ouvir a voz dos meus irmãos por meio da musiquinha natalina e imaginar momentos que não tiveram chance de existir. Por sentir vapores que só eu conhecia. Vapores de vida, amor, nascimentos, despedidas, alegrias e tristezas.

Não havia mais nada de nosso lá. Ainda assim, aquelas paredes tinham tanto a dizer. Sabiam de um tempo nem sempre fiel ao que se esperava dele, mas um tempo bom.

A casa permanece à venda. Espero que os novos proprietários tenham sonhos, muitos deles, e que todos se realizem naqueles corredores e varandas. Que coloquem uma mesa grande na sala de jantar e discutam desde o preço da empadinha do Vadinho até os rumos da política atual. Que as crianças andem de patins pelos cômodos e façam uma sessão de cinema no tapete da sala. Se houver um casal, que saibam envelhecer juntos, e passeiem de mãos dadas pelas ruas da vizinhança. Que as flores do jasmim-
-manga sejam colhidas no chão e oferecidas pelas crianças às suas mães. E que as paredes contem um pouco de nossa história

àqueles que virão, para que cuidem com delicadeza daquilo que um dia quis ser parte de nossa eternidade.

    Mia Couto tem razão. Já não importa mais a casa onde morei. Importa, sim, a casa dentro de mim. Sabendo que vou me lapidando com base no que existe, mas também naquilo que vivi e deixei partir. Entendendo que minha fachada não é somente o reboco visível, mas, sim, muitos outros alicerces imperceptíveis aos olhos. Descobrindo que também abrigo palavras não ditas, caminhos não escolhidos, sonhos não realizados. Aceitando a vida como ela é, cheia de acertos e imperfeições, percalços e contradições, desafios e realizações...

Aprenda a fazer falta. Principalmente para quem sabe onde lhe encontrar

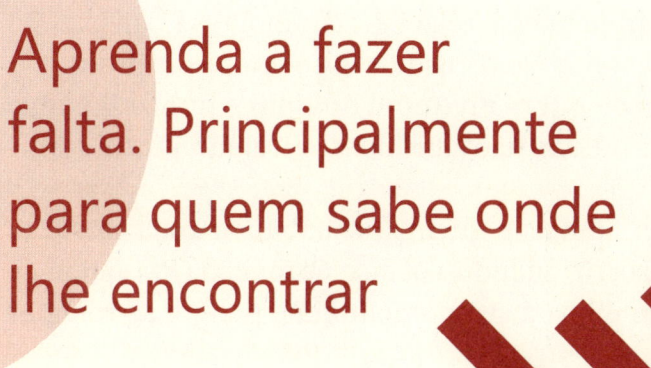

Ontem, conversando com uma amiga pelo WhatsApp, ela me contando sobre o fim de um relacionamento, me disse: "Vou sumir. Fazer ele sentir falta". E concordei, pois, embora essa seja uma artimanha arriscada, é uma das únicas que pode dar certo.

De vez em quando o único remédio é sair de cena para o show continuar. Aprender a ser ausência quando tudo já foi dito, cobrado, explicado. Deixar de ser insistência para ser abstinência.

Controlar os próprios impulsos pode parecer simples, mas é uma das coisas mais difíceis de conseguir. Tanta alegria dando sopa lá fora e a gente teimando em se fixar na pessoa que foi embora.

É preciso entender que, enquanto você insiste em checar os horários em que o outro "visualizou por último" o WhatsApp, muita vida está acontecendo e sendo deixada pra trás.

É claro que no início vai ser mais difícil – não é de uma hora pra outra que o coração entende as mudanças de planos e estações –, mas aos poucos, bem aos poucos, a gente aprende a fazer falta.

Suma do mapa de quem sabe onde lhe encontrar e até o momento não se importou; pra quem teve todos os seus sorrisos e nunca valorizou.

Saia de cena de quem você ouviu inúmeros "nãos" e nunca acreditou; de quem pouco se relacionou e muito se cansou. Do afeto pequeno que tanto lhe recusou e você sempre aceitou.

Suma do mapa de quem vive com dúvidas e nunca lhe teve como certeza; de quem não aprendeu a remar junto e agir com gentileza.

Aprenda a fazer falta para quem já se habituou à sua presença e desaprendeu a sorrir quando você se aproxima. Pra quem se esqueceu de como é boa a sua companhia e prefere se refugiar numa vida fria.

Fazer falta é segurar o impulso de procurar, vasculhar, perguntar. É frear a vontade de entender o que não dá mais para explicar ou de justificar o que não merece absolvição.

Fazer falta é não ligar, não mandar mensagens, não digitar o tal endereço na barra de contatos do e-mail. É sair para se distrair com os amigos, dar uma corrida no parque, respirar fundo e encontrar sentido na solidão. É orar para o pensamento acalmar, não bisbilhotar o perfil da pessoa no Facebook, deixar de postar as próprias fotos com a intenção de ser visto a distância. É desistir de parecer bem quando não está bem, é cortar o cabelo para renovar o espírito, é ficar bem longe do celular enquanto toma um copo de cerveja ou uma taça de vinho. É, acima de tudo, agir com esquecimento para quem sempre pareceu esquecer você.

Torço para que minha amiga consiga sumir. Para que, sumindo, ela descubra se realmente faz falta. Para que, sumindo, ela descubra o quanto sua presença é importante ou não.

Sumir é uma estratégia arriscada, eu sei. Mas também define muita coisa mal resolvida. Também traz as respostas que buscamos e nem sempre encontramos.

Nem sempre as respostas serão aquelas desejadas, mas no fim nos libertam a prosseguir com mais certeza, clareza... e amor-próprio.

> "O que quer que aconteça, é a única coisa que poderia ter acontecido"

Os hindus acreditam muito naquilo que chamamos de "destino". Para eles, tudo aquilo que ocorre não poderia ter sido de outra forma. Sendo assim, a afirmação "aconteceu a única coisa que poderia ter acontecido" é uma das quatro leis da espiritualidade ensinadas na Índia.

É uma frase conformista, eu sei, mas também nos ensina a aceitar o que é posto em nosso caminho e a valorizar os encontros que ocorrem em nossa jornada.

Acredito que nada é em vão, e o sofrimento faz parte disso também. Pois vivemos uma experiência humana, e quanto mais rica for essa experiência, quanto mais ela nos desafiar a crescer, melhor será.

O que quero dizer é que nem sempre estamos onde gostaríamos, vivendo as histórias que sonhamos, mas é preciso aprender a fazer castelos com o punhado de areia de que dispomos.

Agora me vem à lembrança um filme lindo a que assisti semana passada: *De Onde Eu Te Vejo*, com Denise Fraga e Domingos Montagner. Lá pelas tantas, uma das personagens diz: "A vida é mais forte que a gente". Fiquei com a frase na cabeça, pensando em tudo o que aconteceu com Domingos (um dos protagonistas do filme), e em tudo que ocorre na vida da gente. Mais uma vez, é uma frase conformista, que nos reconcilia com nossas limitações, fraquezas e impossibilidades. Mas também nos ensina as lições de aceitar, confiar e deixar ir.

A vida dita muitas regras, e a gente tem que se adequar. A gente tem que se adequar à panela queimada, ao café frio, à unha lascada, ao pão amanhecido. Se adequar aos finais que nos surpreendem quando a gente queria mais, às pontes derrubadas quando tudo o que a gente desejava era poder atravessá-las, aos muros erguidos em jardins que a gente cuidava para não morrer jamais. A gente tem que se adequar àquilo que a gente não planejava, mas a vida planejou pra gente.

Porém, a vida também traz novidades, alegrias renovadas, presentes merecidos. Tudo o que é posto em nosso caminho nos pertence, e devemos ser gratos por isso, entendendo que a felicidade é a soma de muitos instantes felizes, e temos que estar prontos para sentir e valorizar. Valorizar cheiro de filho dormindo, pôr do sol visto da janela do carro, taça de vinho tinto, cabelo obediente, abraço de amigo, saudade no porta-retratos da sala, dieta que deu certo, coração pronto para amar de novo.

"O que quer que aconteça, é a única coisa que poderia ter acontecido." E isso inclui aceitar os finais que ocorrem a todo instante em nossa vida. Não tentar remendar o que descosturou, mas tentar produzir peças inéditas com os tecidos novos que acabaram de chegar.

Nem sempre é fácil entender que um tempo chegou ao fim. Vivemos de esperanças, mas talvez seja hora de entender que o que acabou, acabou. E é importante chorar o fim, vivenciar o luto e decretar a partida de um tempo para que a vida siga em frente com mais leveza e novos planos.

Você está onde deveria estar. As pessoas que lhe cercam são as pessoas certas para fazerem parte da sua vida neste momento, e tudo o que você atrai tinha que fazer parte da sua vida, de um jeito ou de outro. Tudo isso é clichê, mas faz sentido.

Assim como faz sentido entender que algumas coisas estão reservadas para nós, para mais ninguém. Não cobiçar as dádivas alheias e aceitar a própria história, com tudo de bom e ruim que lhe coube até aqui, é o segredo para amar a vida que lhe escolheu.

Finalmente, uma historinha:

Quando eu era menina, gostava de pedalar a bicicleta com bastante força para lá na frente soltar os pés do pedal e deixar a bicicleta correr sem esforço algum, apenas sentindo o vento no rosto. O que eu não sabia é que a vida é dada a essas coisas também. Há o tempo de pedalar e o tempo de relaxar. Talvez você ainda não sinta o vento no rosto, e a fase que está vivendo dói tanto quanto cortar o dedo numa folha de papel afiada. Mas experimente confiar... Confiar em Deus, confiar no momento que você vive, confiar nos rumos que sua vida tomou. Aquiete seu coração e confie no tempo de esperas. Acalme seu espírito e confie no novo dia que está nascendo, nas novas mudas que estão florindo, no cabelo que está crescendo.

Confie na renovação que ocorre todo dia sem que a gente se dê conta, nas possibilidades que a vida nos dá diariamente, e nos finais que precisamos digerir e aceitar...

"Faça valer a pena. Alguém amaria estar no seu lugar"

Li a frase-título em alguma publicação na internet e fui fisgada. Parei para pensar onde me encontro hoje e no quanto sou grata por estar exatamente onde estou.

Somos tão apressados, vivemos tão no automático, que muitas vezes deixamos que a gratidão evapore por nossos poros e que o reconhecimento de nossas dádivas escoe por nossa superfície.

É preciso amar nossos lugares no mundo e dentro das pessoas. Reconhecer que somos privilegiados pela bagagem que carregamos e pela estrada que trilhamos.

É preciso fazer valer a pena. Fazer valer a pena cada talento que recebemos de Deus; fazer valer a pena os abraços que damos e recebemos; fazer valer a pena os lugares que ocupamos, as refeições que partilhamos, as vidas que tocamos, as pessoas que amamos.

Cada um de nós tem um dom. Pode ser cantar, falar línguas, escrever, pintar, cozinhar, acalmar. Pode ser praticar um esporte, saber ouvir com atenção, fazer florescer um jardim, amar sem restrições. O importante é usar esses talentos. O importante é fazer valer a pena cada dom recebido e aí, quem sabe, multiplicar esse dom.

O lugar em que você se encontra diz muito sobre você. Pode ser que você ainda esteja de passagem, melhorando sua bagagem enquanto atravessa suas pontes. E me recordo de quando eu estava neste ponto de transição e travessia. É um lugar cheio de sonhos e possibilidades, e é exatamente onde tudo pode acontecer e valer a pena. Aproveite, arrisque, ouse!

Pode ser que você ache que já chegou onde queria e descobriu que ainda não reconhece essa tal felicidade. Quem sabe seja a vida lhe dando a chance de ser grato pelo fim de uma história que se desenrolou pequena diante do tamanho de seus sonhos. Pode ser que você descubra que nada está concluído ainda. É hora de resgatar seus dons e fazer valer a pena cada instante vivido no lugar que você escolheu estar.

Não cobice o lugar do outro. Tenha, antes, a sabedoria de olhar para o lugar que você ocupa e ser grato pelo que foi feito e desfeito em sua vida.

Alguém amaria estar no seu lugar. Alguém amaria ter as oportunidades que você teve e receber os dons que você recebeu.

Alguém amaria sentar à sua mesa e comer sua refeição. Alguém amaria ter o sol e as estrelas que iluminam o seu céu e seria grato pela chuva que respinga na sua vidraça.

Alguém amaria encontrar tantos afetos quanto você encontrou, e saberia valorizar cada sorriso que você recusou.

Alguém amaria ter o despertador chamando pra mais uma segunda-feira de trabalho. Alguém amaria a cozinha cheirando a café recém-passado anunciando mais um dia ensolarado.

Alguém amaria ter os finais que você teve. O jeito certo que aquela história encerrou e as oportunidades que surgiram depois que sua página virou.

Temos que ser gratos por nem sempre alcançarmos o que desejamos. Gratos pelos nós desfeitos e pelas intenções contrariadas. Acreditando que estamos onde deveríamos estar, e que isso é bênção também.

Ninguém consegue ocupar por muito tempo um lugar que não é seu. Por isso, dê valor ao seu jardim, e plante sementes de otimismo e gratidão no solo que lhe pertence. Ame sua história e seja gentil com o tempo das despedidas.

Lembre-se de que a vida nos dá os ingredientes, mas quem determina a receita e faz o bolo ficar saboroso somos nós. Então não fique olhando para o lado e cuidando do que não lhe cabe. Nem sempre temos tantos ingredientes à disposição, mas o importante é conseguirmos fazer o melhor que pudermos com o pouco que nos foi dado.

A gente nunca sabe quando a vida está prestes a mudar para sempre

A gente nunca sabe quando a vida está prestes a mudar para sempre. Você acorda num dia comum sem saber que logo ali na frente algo muito grande está para acontecer, ou toma uma decisão, que parece ser só mais uma entre tantas, e essa atitude altera o curso de sua história de forma definitiva.

A gente nunca sabe se o dia que amanheceu sorrindo irá terminar chovendo em lágrimas, ou se a semana que começou nublada irá desembocar numa sexta ensolarada.

A vida não nos oferece garantias, certezas ou segurança de forma alguma, e é justamente essa possibilidade de surpresas que a torna tão especial.

Outro dia li uma frase de Caio Augusto Leite que dizia: "Os dias mais felizes são aqueles com menos planos na agenda". E percebi que a felicidade gosta de surpreender; está à espreita de brechas para se revelar; está escondida nos cantinhos dos dias mais acidentais, nas entrelinhas da rotina, no poente das horas preguiçosas.

A felicidade não avisa que vai chegar nem anuncia que aquele momento presente é o momento que jamais iremos esquecer. Poucas vezes temos a consciência de estarmos vivendo um momento carregado de eternidade. Essa noção virá só lá na frente, quando o momento for revisitado em noites carregadas de nostalgia e poesia.

E me vem à lembrança uma festa memorável nos meus tempos de faculdade. Cursando Odontologia, nosso dia de clínica foi cancelado em razão de um defeito no compressor. Naquela tarde, tivemos uma das melhores festas que nossa turma já viu, a eterna "Festa do Compressor". Sentados em bancos improvisados no quintal da República Pé de Chinelo, comemoramos a vida e brindamos ao compressor quebrado. Sem planos, sem regras ou restrições, demos oportunidade para a felicidade se cumprir enquanto a festa rolava. A gente não sabia, mas a vida estava prestes a mudar para sempre. E enquanto fotografávamos uns aos outros com nossas câmeras (com filme embutido) e prometíamos nunca mais nos afastar, a eternidade selava nosso encontro. Hoje, cada um daqueles que se reuniram ali, naquela tarde, enfrenta ou enfrentou as próprias batalhas. Mas saber que aquela festa existiu é entender que uma parte de nós sempre estará lá, naquele quintal, num dia tão especial.

Felicidade é pra gente distraída, privilégio dos que viajam sem culpa e sem compromissos na agenda. É contrato com a simplicidade, com o desarranjo de coisas supérfluas e mãos dadas com uma tarde amena de primavera, bilhetes escritos à mão, cadeiras na calçada e cheiro de bolo quentinho.

A gente nunca sabe quando a vida está prestes a mudar para sempre. Nem sempre conseguimos nos despedir de quem amamos, das ruas onde brincamos, dos sabores que experimentamos. Nem sempre temos a consciência de que aquela será a última vez, e podemos não dar a devida reverência ao que merece ser reverenciado.

É preciso deixar os medos morrerem baixinho, a culpa se extinguir devagarinho e a mágoa se dissipar de mansinho. Só assim estaremos prontos para que a felicidade nos alcance e nos surpreenda. Só assim estaremos prontos para aceitar que a vida mude para sempre e nos leve a construir uma nova história, repleta de sopros de alegria, vapores de eternidade e impermanência do tempo...

Saudade é a alma vestida de doce melancolia

Acabo de ler o delicado *Vermelho Amargo*, de Bartolomeu Campos de Queirós. Lá pelas tantas, cheio de poesia, o autor diz: "Fui, desde pequeno, contra matar a saudade. Saudade é sentimento que a gente cultiva com o regador para preservar o cheiro de terra encharcada". E parei para pensar na saudade, esse sentimento que de vez em quando dá as caras e tem tanto a dizer sobre nós.

Saudade é suspiro distraído do pensamento, quebra poética da rotina e lugar de recolhimento onde alinhavamos nossas memórias.

Saudade acorda num dia e nos diz que alguém faz falta. Ela desperta sorrateira e avisa que um tempo, há muito deixado pra trás, ainda não saiu de nós.

Saudade é tristeza disfarçada, falta escancarada, impermanência declarada. É paladar reconhecendo gosto de café da infância, bolo com essência de antigamente, fotografia desbotada pelo tempo, caligrafia declarando um amor que não existe mais.

Saudade é sentimento silencioso, de poucas palavras e gestos contidos. É a alma embaralhando o passado com o presente e a gente tentando desatar os nós pra vida seguir em frente.

Saudade é parceira da solidão, do querer sem poder, do desejar vapores de um tempo que já se extinguiu. É presença na ausência, barulho no silêncio, eternidade consentida e bem-vinda mesmo que tenha se antecipado o fim.

Não acho a saudade um sentimento dolorido. Ao contrário, ao dar boas-vindas à saudade, uma parte de mim desperta e vem à tona. E é me encontrando nesta esquina que sinto meu mundo se ampliar. Porque sei que não caminho sozinha. A saudade – e todas as lembranças que andam de mãos dadas com ela – me faz companhia.

Saudade é sentimento para ser conjugado no presente, mas denuncia o encontro da alma com aquilo que no passado soube fazer sentido. É o coração sussurrando: "a vida é feita de ciclos necessários...", e a gente acreditando que está exatamente no lugar que deveria estar, mesmo que carregue o peito cheio de recordações.

Saudade é a alma vestida de doce melancolia, receita da avó em caderno antigo, pausa para sorriso contido no meio da monotonia.

Saudade é falta, mas também presença. Presença de quem está longe, mas vive dentro da gente, presença de uma história finda que se eternizou linda, presença de quem fomos na pessoa que nos tornamos.

Bartolomeu Campos de Queirós tem razão. Saudade a gente não mata. Ao contrário, a gente rega para ela não morrer. Pois o que seria de nossos dias sem a saudade? O que seria de nossas pausas num café ao meio-dia sem a companhia da nostalgia? O que seria do ar de mistério que envolve o sorriso de todas as pessoas que tiveram um passado? O que seria das músicas cheias de sentimento e dos enredos cheios de poesia?

Saudade é o coração dizendo que tem a capacidade de se restaurar, de continuar, de prosseguir mesmo que fiquem algumas lembranças pelo caminho. É a alma falando que houve outros tempos, outras histórias, mas a vida soube seguir seu curso e cumprir seu papel restaurador.

Que haja coragem e abandono. Coragem para seguir em frente e abandono de saudades desnecessárias. Mas que saibamos respeitar o coração cheio de lembranças, entendendo que é preciso resgatá-las de vez em quando como parte do que somos também, perdoando os momentos em que somos pegos de surpresa, seja no cair da noite ou depois de um sonho bom.

Que saibamos quão bonita é a nossa história, e que sejamos gratos a ponto de aceitar as conquistas, os recomeços e os aprendizados do mesmo modo que abraçamos os cansaços, as dúvidas e a companhia da doce melancolia, nossa eterna SAUDADE...

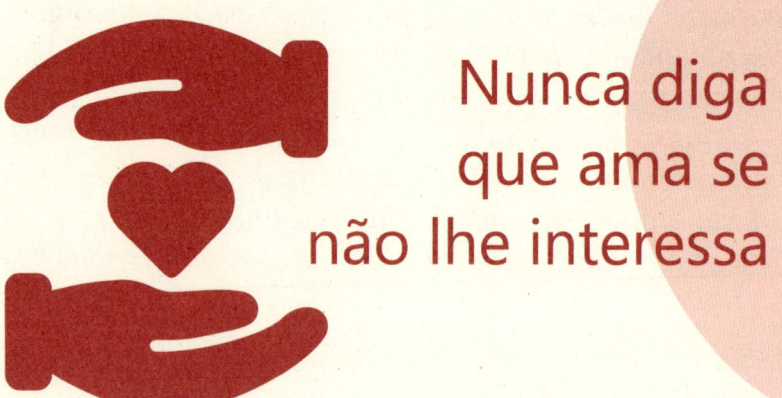

Nunca diga que ama se não lhe interessa

Outro dia me deparei com um poeminha de Maria Silva que dizia mais ou menos isso: "Nunca toque numa vida se não pretende romper um coração...", e as palavras preencheram meu pensamento, me levaram para outras épocas, outros tempos em que eu mesma não tomava cuidado com as vidas que tocava.

Muito além das palavras de Saint-Exupéry, que dizia que somos eternamente responsáveis por aquilo que cativamos, acredito que é preciso ter cuidado com as vidas que tocamos.

Porque o amor é um terreno frágil, e não pode ser pisado com displicência. Ao contrário, por respeito, requer constante licença.

Há que se ter cuidado com o coração do outro. Não chegar para somar se o que a gente quer é sumir. Não chegar para corresponder se o que a gente deseja é se esconder. Não se aproximar para amar se no fundo a gente quer é abandonar.

O amor precisa de clareza. De gestos delicados que demonstrem a verdade do que sentimos e de certezas que evidenciem se é mesmo pra valer.

Ninguém está livre de se apaixonar e não ser correspondido. Porém, muitas vezes, algumas vidas são tocadas com a simples intenção de despertar sentimentos, e não de fazer valer a pena.

O mundo está cheio de gente confusa. Gente que diz que ama, mas prefere ficar sozinho. Gente que num dia lhe manda flores e no outro não responde às mensagens no WhatsApp. Gente que tira a sua paz e não dá a mínima pra falta que faz.

Ninguém sabe ao certo o que vai dentro do coração do outro. Mas a gente sabe o que vai dentro do coração da gente. E, por mais difícil que seja, é preciso dar clareza. Por mais duro que pareça, é preciso ser certeza.

Não adie seus planos e seja firme para evitar enganos.

Nem sempre é possível evitar que alguém se machuque ou se confunda com a gente. Nem sempre é possível pedir para alguém não se apaixonar porque não pretendemos fazer o mesmo. Porém, é possível não alimentar carências, desejos e esperanças com falsos juramentos. É possível não jogar com os sentimentos verdadeiros de alguém. É possível colocar os "pingos nos is" pra não prolongar o sofrimento. É possível ser presença para evitar reticência.

Não há nada que se compare a um coração em compasso de espera. Um coração que só enxerga pontos de interrogação e não encontra coerência nas peças soltas de sua história. Fica tudo parecendo um enorme quebra-cabeça cujas peças não se encaixam, uma história confusa em que não há lógica entre o que foi dito e o que foi realizado. Fica faltando nexo, entende?

Que sejamos claros e cuidadosos. Claros no querer ou não querer, no amar ou não amar, no ficar ou se afastar. Cuidadosos ao tocar uma vida, cuidadosos ao demonstrar o que sentimos, cuidadosos ao soprar esperança num coração.

E que não nos falte reciprocidade, pois o bom da vida é amar e ser amado, e não brincar de esconde-esconde, pega-pega ou cabo de guerra. O bom da vida é viver com transparência, e não ter dúvidas diante de um quebra-cabeça sem coerência. O bom da vida é encontrar quem tenha certeza a nosso respeito, e não nos obrigue a viver cheios de suposições. O bom da vida é querer e ser querido, sem jogos de adivinhações...

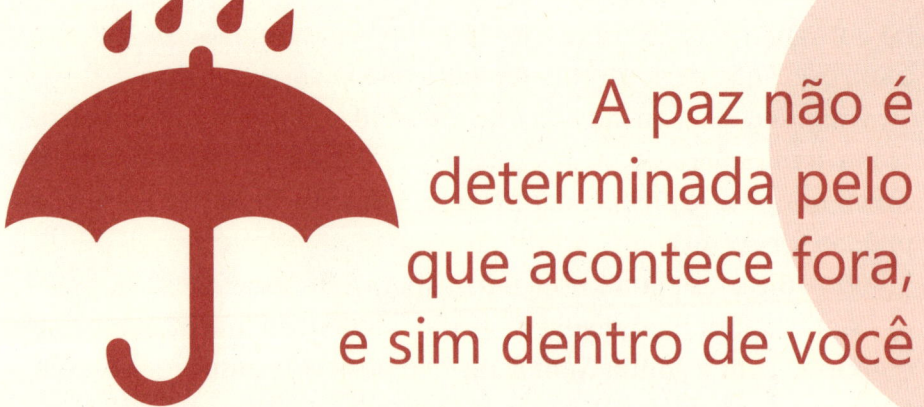

A paz não é determinada pelo que acontece fora, e sim dentro de você

"A paz não é determinada pelo que está acontecendo em torno de você, mas, sim, pelo que está acontecendo dentro de você." Li isso outro dia e no mesmo instante me lembrei da frase do livro *O Mundo de Sofia*: "O fato de o mar estar calmo na superfície não significa que algo não esteja acontecendo nas profundezas".

Às vezes o mundo desmorona ao nosso redor, mas conseguimos manter a serenidade e sensatez diante das adversidades. Outras vezes, porém, está tudo em ordem, a vida encontrando seu eixo, seu equilíbrio... e nada nos basta.

Assim me vem à lembrança o casamento desfeito de uma conhecida. Após dez anos de uma relação aparentemente perfeita e uma filha pequena, ela desistiu dos planos e preferiu seguir sozinha para buscar a cura de suas inquietações interiores. Disse que o casamento era perfeito, lhe trazia paz e serenidade, mas ela não conseguia sentir essa harmonia dentro de si. O mar estava calmo na superfície, mas nas profundezas algo se agitava. Talvez sozinha ela encontre o que tanto procura. Talvez nunca encontre e perceba tarde demais que perdeu uma grande oportunidade de ser feliz.

O fato é que somos seres inquietos por natureza. Em maior ou menor grau, nosso interior se agita em busca de respostas, em busca de sentido. Em maior ou menor grau, queremos sanar esse vazio que de vez em quando dá as caras em nosso peito.

E é nessas horas, quando não sabemos lidar com essa falta, com esse vazio, que nosso interior se agita. A vida pode estar passando por uma fase boa, de tranquilidade, encontro e paz, e nada nos cala. O interior fala, grita, pede mais respostas. Nesse instante nos tornamos mar agitado nas profundezas e questionamos nossas escolhas até o momento.

Não se trata de tomar um chazinho de camomila para tudo ficar bem. É preciso abraçar o silêncio. Aceitar que algumas coisas não têm resposta, nem correspondência ou reciprocidade de forma alguma. Mas, ainda assim, entender que a vida pode ser muito mais que feijão com arroz.

A vida pode ser incrementada com um fundo de panela cheiroso e saboroso, basta a gente estar aberto a tentar e realizar.

Não desistir de si mesmo, não desistir das pessoas que lhe querem bem, não desistir dos barcos que construiu até aqui. Acreditar que não está sozinho, mesmo que sinta muita solidão. Encontrar sentido na oração, na meditação, numa corrida no parque, num texto escrito num caderno antigo. Encontrar respostas cantando, cozinhando, viajando, estudando.

Não desistir da vida que se tem como se ela fosse o único motivo de seu desajuste. Não desistir das pessoas que lhe amam como se elas fossem a única causa da sua falta de sentido.

Muitas vezes muda-se o cenário, muda-se a paisagem, mudam-se os atores... e permanece a inquietação. É preciso descobrir que a falta de paz não está fora, e sim dentro de você. E que, enquanto não fizer as pazes com suas profundezas, não deixará de estar desorientado.

Temos um universo externo e também um universo interno. Estar em paz com nosso universo interno é o que determina nossa qualidade de vida.

Essa semana assisti a um filme na Netflix chamado *Thanks for Sharing*. O enredo conta a história de dependentes que estão tentando se recuperar. Porém, em momentos de extrema frustração, eles se veem tentados a retomar o vício.

Sentimos frustrações pequenas ou grandiosas o tempo todo. É aquela encomenda que esperávamos e não chegou pelo correio, é a resposta no WhatsApp que não veio, é o fim de um casamento que parecia perfeito. Tudo se agiganta dentro da gente e podemos perder a paz. A culpa não está no outro. A culpa não é do correio, do WhatsApp, do fim do casamento. Isso são apenas gatilhos. O que importa é o que você faz quando fazem isso com você. Como você lida com o que não deu certo.

Finalmente, é preciso entender que a chuva não cai somente quando a terra está seca precisando de umidade. A chuva cai no primeiro dia de praia, no momento daquele encontro esperado, na manhã do casamento ao ar livre. E a gente tem que superar. Não fazer tempestades dentro da gente, e sim fazer poesia com as gotas que caem arrastando o vento e colorindo o ar...

Para alguém com o coração partido

Quando você esperou todos saírem e então conseguiu permitir que as lágrimas descessem fartas, naquele momento você descobriu que a dor também faz parte do amor.

Sabe, a existência é cheia de contradições, e com o afeto não poderia ser diferente. Talvez seu espanto venha do fato de descobrir que o amor não nos salva completamente. Ele nos salva de algumas coisas, mas não nos protege de não sermos correspondidos como gostaríamos ou como mereceríamos.

Talvez você esteja descobrindo que essa história de se apaixonar não é uma equação. Não obedece a regras ou tópicos, e ter qualidades como ser bonito, bondoso, caridoso e paciente não é garantia de que o outro sentirá o mesmo que você.

Mas agora preste atenção. Seu coração pode ter sido partido, mas você não. Você continua, você permanece, você terá que ficar de pé e seguir em frente de que jeito for. E sim, é verdade, nunca mais será o mesmo depois disso, mas isso é bonito também. Pois você foi capaz de amar, de não ter medo, de se expor e ficar vulnerável como só quem ama de verdade é capaz de ficar. E você conseguiu. Talvez não tenha durado tanto quanto você gostaria, mas você sabe (e eu sei que você sabe) que houve bons momentos para você se orgulhar e entender que fez tudo o que podia.

Nunca, em hipótese alguma, se culpe por aquilo que não dependia só de você. Na vida temos que conviver com decepções e frustrações o tempo todo, e talvez essa seja a maior delas. Mas não procure culpados, isso não alivia o que você está sentindo nem ajuda a se curar.

Tenha, antes, paciência com seu tempo de recuperação. Chore, fique com raiva, jure que nunca mais vai se apaixonar. Escreva suas dores num caderno e faça um diário de sua convalescência. Tome sorvete direto do pote, delete fotos do seu Instagram, corte o cabelo, faça uma viagem curta ou longa, dependendo do seu tempo e orçamento. Ore, fique em silêncio, aproveite sua solidão.

Mas depois experimente um olhar novo para a própria vida. Experimente amar-se de um jeito que nunca amou antes, experimente cuidar-se com afinco, experimente ser tolerante e amável com a pele que habita.

Eu sei que não é fácil, e as lembranças assombram de tempos em tempos. Mas chegará um dia em que, ao se preparar para dormir, você reparará que passou o dia inteiro sem uma lembrança sequer. Esse dia pode chegar logo ou demorar muito tempo, mas ele certamente vai acontecer. E você vai olhar para trás com doçura e perceber que superou. Que soube se reerguer sozinho ou com uma nova companhia. Que soube confiar em Deus e aceitar seu tempo de esperas. Que aprendeu a seguir de cabeça erguida mesmo quando o plano era nunca se separar. Que soube fazer castelos com o punhado de areia que restou, e que soube principalmente encontrar paz no meio do seu interior.

Não queira viver "consertando" histórias para você caber dentro delas. Quem lhe quer, coloca você dentro da própria história com vontade, sem que você precise implorar por isso. Quem lhe quer, transforma o próprio enredo, para você ser a parte mais bonita. Quem lhe quer, deseja fazer parte da sua história, do seu mundo, dos seus castelos.

Enfim, não permaneça onde seu coração não se sente em casa. Desate os nós que lhe prendem ao que não tem mais razão de existir e faça laços com novas histórias, construídas com base em seu amor-próprio. Ame suas conquistas e siga em frente valorizando quem permanece ao seu lado. Dê uma chance ao desconhecido, e subtraia o medo do olhar. E, acima de tudo, só convide para entrar quem você tem a certeza de que deseja ficar...

Apaixone-se por alguém que adore a sua companhia

Outro dia li uma frase que dizia mais ou menos assim: "Não trate como prioridade quem só te trata como opção", e fiquei pensando nos amores rasos que de vez em quando vejo por aí.

Tenho visto muita relação desigual, e por mais que um dos lados viva de esperanças, na expectativa infantil de que tudo pode mudar num piscar de olhos, é preciso enxergar os fatos como eles são.

Já ouvi muito a história: "A gente não escolhe quem vai amar", mas será que é isso mesmo? Será que não podemos escolher o que fazer de nós mesmos quando estamos amando?

Nem sempre o coração está certo, e podemos entrar numa "canoa furada" pela simples dificuldade de sermos amorosos com nós mesmos.

Amor nenhum deveria doer. Amor nenhum deveria impor angústia e sofrimento. Amor nenhum deveria fazer você duvidar se o outro sente amor e alegria na sua companhia.

Acredito, sim, que a gente escolhe quem amar. E muitas vezes repetimos erros porque não aprendemos a ser gentis e generosos com aqueles que deveríamos colocar em primeiro lugar: nós mesmos.

Apaixone-se por alguém que adore a sua companhia e escolha estar com você sob o sol forte ou embaixo de uma chuva fria. Alguém que sinta a sua falta e demonstre que precisa do seu abraço a qualquer hora do dia.

Apaixone-se por alguém que goste do seu cheiro, que aprecia suas ideias e admira suas atitudes. Alguém que não titubeie ao andar ao seu lado nem tenha a intenção de guardá-la só para si.

Apaixone-se por alguém que assuma que lhe ama, alguém que tenha orgulho de ter sido cativado por você.

Apaixone-se por alguém que valorize seus gestos e escute sua opinião. Alguém que lhe queira sempre por perto, e que sinta saudades se você demora.

Apaixone-se por alguém que lhe dê segurança, alguém cujas atitudes dizem mais que mil "eu te amo" recitados da boca pra fora; alguém que faça valer a pena, pois sabe que não é todo dia que é possível encontrar alguém como você.

Apaixone-se por alguém que ame a sua risada e queira ter consigo todas as suas manias; alguém que lhe enxergue como uma pessoa especial e não vacile na hora de ter você como companhia.

Apaixone-se por alguém que releve suas variações de humor e se divirta com sua euforia; alguém que segure forte a sua mão numa turbulência e comemore as vitórias com alegria.

Apaixone-se por alguém que não tenha medo de se comprometer e amar; alguém que não tenha dívidas nem dúvidas, e que esteja disposto a fazer do encontro de vocês uma história especial.

Apaixone-se por alguém que não desista de você quando faltar grana, quando a receita daquela torta der errado, quando você passar mal, quando uma briga boba afastar vocês dois.

Apaixone-se por alguém com quem você não precise insistir para ficar; alguém que deseje estar ao seu lado por vontade e prazer; alguém que tenha a definitiva certeza de que fez a escolha certa ao querer você...

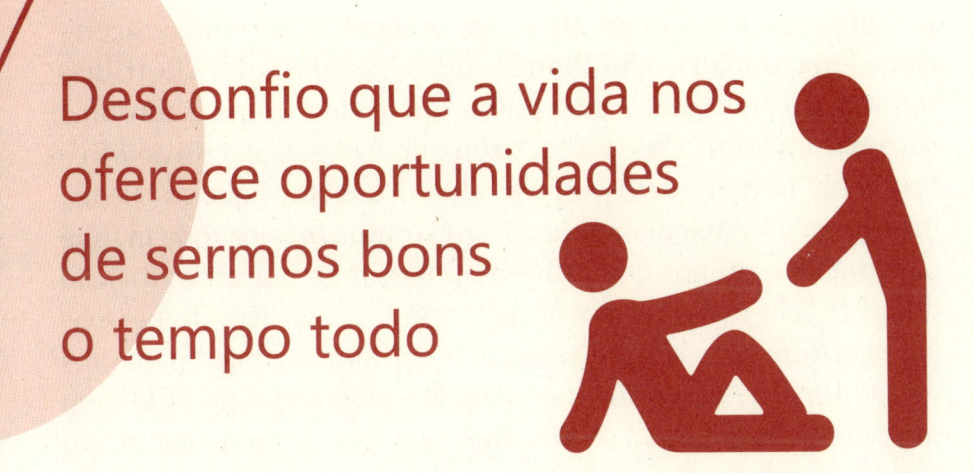

Desconfio que a vida nos oferece oportunidades de sermos bons o tempo todo

Nesta semana, entre tantas leituras, terminei o adorável *O clube do livro do fim da vida*, de Will Schwalbe.

O livro é delicado e profundo, e conta a jornada de um filho ao lado de sua mãe depois que ela é diagnosticada com um câncer incurável. Durante dois anos, Will acompanha a mãe, Mary Anne, às sessões de quimioterapia. Nesses encontros, conversam um pouco sobre tudo, de coisas triviais ao que, para eles, realmente importa: a vida e os livros que estão lendo.

Num dado momento, questionando o enredo de um dos livros do "Clube do Livro", Will diz: "Apenas me sinto culpado por não estar fazendo mais no mundo". Ao que Mary Anne, a mãe, responde: "É claro que você poderia fazer mais – sempre pode fazer mais, e deveria fazer mais –, mas mesmo assim o importante é fazer o que pode, sempre que pode".

Grifei esta frase no meu livro e tenho pensado nela desde então. Assim como grifei o que veio a seguir:

"Muitos dos meus amigos dizem que querem fazer alguma coisa, mas simplesmente não sabem como começar. O que você diz às pessoas que lhe perguntam isso?". "Bem", disse ela, "as pessoas deveriam usar seus talentos".

Então me lembrei de algo que, coincidência ou não, aconteceu esta semana. Um grande amigo, conhecedor de trilhas sonoras bacanérrimas, me contou que estava começando uma corrente musical "do bem". Frisou que não gostava do adjetivo "do bem" porque soava como se ele fosse melhor que os outros, mas que seu gesto consistiria em enviar uma música toda manhã para aqueles amigos que estivessem passando por uma situação difícil (e não eram poucos!). Me incluiu nesta lista de pessoas pelo carinho que sempre teve comigo e por sermos "parceiros de escrita e de sensibilidade". Desde então sou agraciada com músicas belíssimas no WhatsApp logo que acordo, como um "bom-dia musical".

Meu amigo usou seu talento – a sensibilidade e o bom gosto musical – para "fazer alguma coisa".

De vez em quando imaginamos que precisamos realizar grandes feitos para que o mundo reconheça nossa generosidade e bondade. Porém, não é assim. Não precisamos adotar crianças africanas, fundar bibliotecas no Afeganistão, partir em missões em prol dos refugiados... para que nosso gesto seja válido. É claro que se pudéssemos fazer tudo isso seria maravilhoso, mas não é porque isso não está ao nosso alcance que precisamos cruzar os braços e simplesmente não fazer nada.

Desconfio que a vida nos oferece oportunidades de sermos bons o tempo todo, nós é que demoramos a entender ou fracassamos em aceitar.

Desconfio que somos desafiados a usar nossos talentos para o bem comum, muito mais vezes do que podemos contar, mas poucas vezes nos dispomos a arriscar.

Desconfio que o mundo poderia ser bem melhor se houvesse mais música, mais doações de sangue, mais leituras e flores colhidas e oferecidas... mas nem sempre estamos prontos a ofertar.

Desconfio que fazer o bem está mais perto do que imaginamos, mas poucas vezes somos solícitos o bastante para doar nosso tempo e nosso talento em prol de alguém.

Desconfio que a vida não nos pede muito, apenas aquilo que podemos dar, mas muitas vezes desistimos das possibilidades em nome da comodidade.

Desconfio que, para fazer o bem, não preciso esperar que ninguém venha atrás de mim, é comigo que preciso contar, é por meio do meu esforço que posso realizar.

Uma prece, um livro lido no meio da tarde, uma carta escrita à mão. Uma visita inesperada, uma doação de sangue, uma música de bom dia. Um elogio, um abraço, um sorriso. Uma gentileza, um ato de paciência, uma ajuda financeira, um aperto de mão.

Tudo são bênçãos, possibilidades de fazermos "alguma coisa". Tudo são presentes, oportunidades de "fazer o que pode, sempre que pode...".

Não permita que o dia termine sem que você perdoe a sua história

De vez em quando penso que a vida é encantamento e desilusão. Derruba-nos em um momento para em seguida nos dar a mão.

Guia-nos por um caminho tortuoso para que enfim possamos achar a direção.

Ensina-nos a cair e nos anima a prosseguir.

Propõe que aprendamos a confiar enquanto nos confronta com as mais duras verdades; e convida-nos a sonhar mesmo quando tudo parece desabar.

Não permita que o dia termine sem que você tenha plantado um pouco de otimismo no solo árido dos seus pensamentos, sem que tenha acreditado um pouco mais em bênçãos e milagres, sem que tenha adquirido uma fé enorme no amor e na alegria.

Não permita que o dia termine sem que entenda que tem o direito e o dever de ser feliz, de experimentar sorrisos e vestir delicadeza. Que a dor é passageira, e que o tempo se encarregará de trazer novos perfumes assim que você estiver pronto.

Não permita que o dia termine sem que você perdoe a sua história, com todos os bons e maus começos que você redigiu. Que você resgate a sua essência, a porção de si mesmo que permanece naquele lugar distante da dor.

Não permita que o dia termine sem que volte a acreditar firmemente em algo bonito que faz parte de você. Sem que entenda que sua vida é dom precioso, e aprenda a ser grato por isso.

Não permita que o dia termine sem que descubra que nenhuma desilusão pode diminuir o tamanho de seus sonhos ou lhe afastar de si mesmo.

Não permita que o dia termine sem que entenda que a vida não pode ser contada por seus fracassos e desilusões, e sim por meio da capacidade de ser mais gentil consigo mesmo.

Não permita que o dia termine sem que seja capaz de amar, agradar e cuidar de si mesmo; sem que aprenda que tem vocação para ser completo e feliz.

Não permita que o dia termine sem que tenha rido de si mesmo e aceitado a vida como um conjunto de acertos e desacertos, e que saiba driblar os momentos imperfeitos.

Não permita que o dia termine sem que tenha autorizado seu gozo e seu pranto, seu encanto e emoção, sua liberdade e redenção. Que se comprometa com a felicidade e transforme os bons momentos em eternidade.

Tenho receio de que a gente pare de sonhar por ter medo de cair. De desistir de nossas ilusões por medo de fracassar. De deixar nossa espontaneidade por causa de nossa maturidade. De abandonar os velhos pijamas, as meias coloridas, as paisagens carregadas de simplicidade. Tenho receio de que a gente siga buscando o tal do crescimento e esquecendo os abraços apertados, os sonhos de antigamente, as promessas que fizemos e desejávamos cumprir.

Não deixe que a vida o endureça a ponto de não acreditar em milagres. Que o perdão seja moeda do passado de quem um dia soube agir com flexibilidade.

Não permita que o dia termine sem que tenha sido um pouco mais feliz, seguindo seus desejos de menino e superando os reveses do caminho. Entendendo, principalmente, que a vida é dura, sim, mas também é o presente mais fascinante e poderoso que alguém pode ter. E que, se o preço a pagar para vivê-la plenamente é andar sem culpa, não permita que o dia termine sem que você perdoe a sua história...

O bolo só cresce se o forno estiver bem quente

O caderno de receitas de minha mãe traz os primeiros traços de minha letra cursiva que se esforçava para ser perfeita nos primeiros anos.

Eu gostava de copiar as receitas e enfeitá-las com recortes coloridos ou desenhos infantis. Hoje, minha mãe conta com um livro de receitas que é uma relíquia, baú de afeto de sua filha mais velha.

Ao seu lado aprendi a necessidade de untar a forma e pré-aquecer o fogo. E, por mais que quisesse experimentar a gostosura antes do tempo, aprendi que o bolo só cresce se o forno estiver bem quente.

Assim também fui aprendendo o valor da paciência diante das demoras da vida, da necessidade de saber esperar mesmo que isso custe muito esforço.

Para algumas coisas não há remédio senão esperar. Algumas coisas fogem do nosso controle, do nosso domínio, da nossa condução. Assim como o bolo tem o tempo dele para ficar pronto e não há o que se fazer senão aguardar – com a porta do forno fechada! –, a vida nos cobra tolerância ao tempo marcado para cada coisa.

No Chile, esperando pelo voo marcado para as 14 horas, só conseguimos decolar às 20 horas. Alguns passageiros aguardavam pelo voo desde a manhã, e o remédio era esperar. Encontramos, então, formas de fazer isso: lendo, admirando as últimas fotos, jogando um game no celular, conversando... não importa, o importante era conseguir atravessar as horas até o momento certo chegar.

O momento certo sempre traz boas surpresas, mas aprender a aproveitar o hiato entre o desejo e a concretização dos planos é essencial para se viver uma vida satisfatória.

A vida é cheia de demoras e é preciso ter cuidado para não estragar as boas surpresas que estão por vir com nossa ânsia de chegar mais rápido.

É preciso suportar os vazios, os silêncios, a falta de respostas. Nem tudo flui no nosso tempo, seguindo o compasso de nossas vontades, e não podemos atrapalhar o curso natural da vida com nossas urgências e impaciências.

É preciso aprender a lidar com a ausência de sinais. É preciso tolerar o silêncio. É preciso encontrar recursos para atravessar o deserto de respostas. Todos passamos por momentos de aridez, e é assim que crescemos também. Aprendendo a ser forte quando tudo é ausência; conseguindo ser delicadeza quando tudo é solidão; e resistindo com poesia quando tudo é ventania.

Saborear um bolo quentinho, recém-saído do forno, com um café coado na hora, é me lembrar de um tempo feliz, em que ficava na cozinha ao lado de minha mãe e sentia o cheiro da massa se espalhando pela casa. Naquele tempo não havia celulares, tablets, Netflix ou aplicativos, e por isso a espera pela minha fatia de bolo fumegante era tão celebrada. O tempo era nosso, e os vapores da cozinha nos contavam que a felicidade morava no instante presente, não somente naquilo que estava por vir.

Que as esperas sejam celebradas com a mesma poesia que os pontos de partida e chegada; que o tempo transcorra sereno mesmo que os relógios demorem para acertar a hora desejada; e que a vida tenha sabor de bolo quentinho, que só ficou saboroso porque não foi tirado do forno antes do tempo...

O maior patrimônio: as viagens que fazemos, os lugares que conhecemos

Estive ausente na última semana, de férias, viajando com minha família. Foi momento de abandonar meu cotidiano apertado e experimentar ser eu mesma sem as exigências da rotina.

Visitamos museus e vinícolas, experimentamos novos sabores, atravessamos pontes, subimos e descemos morros e montanhas, vimos o pôr do sol do alto de um mirante, conhecemos a casa de um grande poeta.

Porém, a gente não precisa ir tão longe para descobrir que a vida pode ser decodificada de uma forma mais leve, doce e sensível se estivermos abertos e dispostos a isso.

Como diz o poema de Fernando Pessoa: "Para viajar, basta existir". O que precisamos é aprender a perceber o mundo de forma diferente. Aprender a perceber nós mesmos longe daquilo que pensamos ser essencial e que muitas vezes não é.

Viajar pode ser a oportunidade de aprendermos a reagir positivamente diante dos imprevistos, e descobrir que somos capazes de reinventar nossos planos usando a criatividade e a coragem. E agora me lembro da última animação da Disney Pixar, o desenho *Procurando Dory*, ao que assisti esta semana no cinema com o filhote. Num dado momento, Marlim, o peixe preocupado e certinho, se pergunta: "O que Dory faria nesta situação?", e descobre que a amiga, "doidinha" e tranquila, tem muito mais recursos para sair de apuros do que ele.

No nosso primeiro dia de viagem pelo Chile, descobri que tinha reservado o hotel de forma errada. No lugar de sete diárias, tinha reservado apenas uma! Foi a oportunidade de sermos criativos como Dory e, com muito bom humor, arranjar outro hotel para a viagem continuar.

Viajar é a oportunidade de nos recriarmos de formas mais simples e descompromissadas, descobrindo que nosso mundo pode caber no espaço de uma mala, e que nossos pés ficam muito mais leves usando apenas chinelos de dedo ou meias confortáveis.

Nos apegamos ao nosso mundo, nossas coisas, nossos objetos... como se isso pudesse nos definir. Ter uma casa, um ou dois carros na garagem, um closet cheio de roupas e sapatos... tudo isso é bom e nos dá segurança, mas somente deixando tudo isso pra trás e seguindo com uma mala de rodinhas podemos experimentar o que aguça nossos sentidos e nos sensibiliza por completo. Como quando nos emocionamos diante de uma música nova, um pôr do sol deslumbrante ou um sabor que nos faz suspirar.

De repente descobrimos que a vida pode ser declamada como pura poesia, basta a gente estar pronto e aberto a enxergar.

Fora do barulho e poluição das ruas, distante da urgência dos despertadores, longe das mesmas paisagens e sabores... podemos acolher quem somos de fato. E nos percebermos crianças diante do mundo que acontece como grande novidade.

Visitando a casa do poeta Pablo Neruda, e pouco a pouco entrando na história que ele vivenciou, poetizou e imortalizou, me senti inspirada a olhar minha existência com olhos de poesia, transformando minha antiga atmosfera numa nova possibilidade.

Talvez o maior patrimônio seja esse: viajar, ultrapassando as fronteiras de nosso universo particular, descobrindo o que nos comove a ponto de voltarmos renovados.

É gostoso investir num sapato bacana, numa roupa nova, numa bolsa diferente. Mas investir num voo que nos conduz por novos horizontes, onde poderemos nos reciclar e recriar por algum tempo, é aquilo que todos dizem: "não tem preço".

Não há dinheiro mais bem gasto do que aquele que usamos para viajar. Que permite que nossos pés toquem um solo desconhecido e nossa pele sinta o frio dilacerante ou o calor reconfortante. Que desafia nossa percepção e instiga nosso olhar; que nutre nossos sentidos e aguça nosso paladar; que nos oferece caminhos em que iremos pisar e jornadas que irão nos transformar.

"Para viajar, basta existir." Que você descubra o que lhe move, o que lhe comove, o que desperta seu desejo de reciclar-se perante o mundo. Que possa fazer as malas de vez em quando e sair à rua cantarolando. Que possa abandonar partes de si mesmo que não têm mais significado e descobrir novos territórios para ocupar os espaços vazios. Que haja mar, brisa suave e cheiro de terra molhada. Que chova à noite e faça sol de dia. Que o dia branco prometido seja compensado pela nevasca da madrugada, e que a água salgada deixe escorrer tudo o que já lhe causou dor no passado.

Faça as malas se puder. Faça planos, trace rotas, decifre mapas. Vá a lugares que só conheceu em seus sonhos, pise firme no chão que escolheu e respire fundo na atmosfera que te acolheu. Abandone bagagens desnecessárias e despeça-se do que não faz mais sentido. Olhe-se nos olhos em frente ao espelho e encontre uma pessoa renovada. Lave o rosto, penteie o cabelo e tome uma xícara de café. Sinta-se vivo, sinta-se outro, sinta-se pronto pra começar de novo...

> "As lágrimas derramadas são amargas, mas mais amargas são as que não se derramam"

Outro dia, assistindo ao filme *Como Água para Chocolate*, uma cena, entre tantas, chamou minha atenção. Tita, a mocinha, fazia o bolo de casamento de sua irmã, e durante o preparo deixou cair uma lágrima dentro da massa do bolo. O resultado foi que, durante a festa de casamento, todos os convidados que provaram o bolo imediatamente começaram a se lembrar de seus amores desfeitos e a chorar.

Tita, como a maioria das mulheres, não se censurava por chorar. Sabia que suas lágrimas eram a forma de a tristeza desaguar. A tristeza que fazia parte dela, mas que não era ela. Tita não era triste. Ao contrário, transbordava amor, alegria e jovialidade. E, justamente por ter tanta alegria e força dentro de si, chorava. Se transformava em lágrimas e enxugava seu pranto com afeto. O mesmo afeto com que cozinhava.

É um provérbio irlandês que diz: "As lágrimas derramadas são amargas, mas mais amargas são as que não se derramam". Pois reprimir nossas emoções é afundar ainda mais naquilo que causa dor.

É preciso clarear os olhos e limpar a garganta. Deixar a emoção transformar-se em rio e assim correr pela face. Despir-se de razões e permitir-se ser mais humano.

Confesso que já segurei muito choro. Foi tempo de não dar bandeira pelo fim de um romance ou de assistir a um filme ao lado de minha mãe e, na minha imaturidade, acusar o pranto dela de exagerado (quando eu mesma carregava um nó na garganta).

Mas a gente amadurece. E descobre o quanto é mais forte quando aprende a chorar. O quanto é mais equilibrado quando consegue exteriorizar a emoção por meio das lágrimas.

A fragilidade contida numa lágrima não diminui a força de quem chora. Ao contrário, ao revelar sua vulnerabilidade, mostra também sua capacidade de reagir com delicadeza e sensibilidade. A capacidade de ser rocha e flor.

Há tempo pra tudo. Tempo de ser deserto ou chuva grossa. Tempo de ser orvalho na janela dos olhos ou terra seca na aridez dos dias. Tempo de despertar sorrindo ou desaguar em lágrimas fartas. Tempo de ser grato sorrindo, tempo de ser fortaleza chorando. Tempo de diminuir a rigidez dos ombros, a censura das palavras, a secura do pensamento. Tempo de aprender a ser rio, chuva, banho de cachoeira ou água do mar.

Tempo de conseguir ser sal quando tudo é ventania. Tempo de desaguar delicadeza, transformando tudo em poesia.

Tita, a personagem do filme, me ensinou. Ensinou a colocar amor em tudo, mesmo que o amor venha em forma de lágrimas. Lágrimas bonitas, que denunciam o quanto somos capazes de amar, mesmo que a relação não tenha dado certo. Mas, ainda assim, um sentimento vivo que se fez presente dentro de nós.

Lágrimas também são vida, a materialização de nossa existência, da capacidade de nos importarmos com o mundo que nos rodeia. Expressão máxima da nossa sensibilidade, do quanto o mundo nos afeta ou toca.

Que possamos permitir que a vida seja recontada de uma forma mais delicada, autorizando nosso pranto e reagindo com menos rigidez ao mundo que nos cerca.

Que o sal da vida venha temperar nossa existência com simplicidade e sabor. Que os lenços oferecidos sejam motivos de aproximação e acolhida, e que as lágrimas enxugadas sejam a lembrança de nossa humanidade e verdade.

Que o amor desfeito não leve embora a nossa capacidade de amar

Tenho trauma de cachoeira. Uma vez fui para Visconde de Mauá e, contrariando meu marido, me aproximei demais da queda-d'água para a "foto ficar perfeita". Lá no alto, de costas para o precipício, meu pé escorregou e eu caí. Foram momentos de muita aflição e apreensão, mas no final fui resgatada por meio de galhos que algumas pessoas deram para eu segurar, por onde fui puxada (saber nadar não significa nada nessas horas). Graças a Deus só sofri algumas escoriações e hematomas, mas o trauma que ficou me impede de visitar cachoeiras até hoje.

O fim de uma relação amorosa dói, machuca, queima e deixa cicatrizes tão ou mais profundas que um trauma físico. Mas evitar o amor não é o mesmo que evitar um banho de cachoeira, e, por mais doloroso que seja o fim, ele não pode levar com ele nosso maior dom, que é a capacidade de amar.

Leva tempo até que o corpo – e, mais ainda, a alma – consiga vivenciar o luto por completo até a total aceitação. Porém, mais que aceitar, é preciso permitir a si mesmo a possibilidade de abrir um livro novo e preenchê-lo com novas histórias.

O fim de uma relação amorosa não pode significar o fim de nossa capacidade de amar. Ninguém, em nenhuma hipótese, pode tirar isso de você. Ninguém pode te roubar de si mesmo.

O coração ferido tem que descobrir que é capaz de amar de novo, e, se tiver sorte, amar melhor.

Nenhum amor, por mais intenso e bonito que tenha sido, pode destruir sua capacidade de sonhar, poetizar e sentir.

Que o amor desfeito não leve embora os risos, o olhar cintilante, o pulsar acelerado e a capacidade de amar.

Que os braços encontrem novos abraços; que os lábios encontrem o gosto de novos sabores; e que a vida possa ser recontada com a mesma intensidade das primeiras experiências.

Habituamo-nos a permanecer no que fomos. Na porção de nós que experimentou o primeiro sopro de alegria ou amor. Esquecemos que a vida é composta de muitas histórias, e precisamos nos despedir para continuar vivendo, criando, inventando, voando.

Novos capítulos estão por vir. Novos sabores desafiarão nosso paladar e novas músicas nos convidarão a dançar. Que possamos apenas permitir... Permitir gosto de pipoca caramelizada, flor apanhada de repente, cartão escrito às pressas, música gravada com o celular, perfume borrifado no ambiente, foto com moldura colorida na rede social, quintal coberto de folhas, chuva molhando a vidraça... E amor querendo dar as caras de novo.

Permitir que novas versões de nós mesmos possam desafiar as intempéries da jornada e desabrochar.

Que não nos falte afeto, esperança, poesia e muito sonho. E que, ao nos olharmos no espelho depois de mais um dia, possamos enxergar uma pessoa inteira, que deve ser amada e cuidada para florescer novamente. A vida nos espera!

Tão importante quanto seguir em frente é saber deixar pra trás

Tenho um tio muito querido que é um nostálgico compulsivo. Adora tomar seu vinho ao som de Nat King Cole, Billie Holiday e Frank Sinatra, enquanto nos remete aos idos de nossa infância e à lembrança de um tempo bom. Estar ao seu lado é uma festa saudosa, que invariavelmente traz de volta um pouquinho do que éramos e de como nos sentíamos juntos.

Porém, outro dia, conversando com uma amiga, falávamos sobre a necessidade de seguir em frente. E sobre o quanto isso implica deixar certas coisas, lugares, pessoas e momentos para trás.

Porque não basta abrir as portas para o novo tempo. É preciso fechar algumas janelas também. E talvez fechar algumas janelas seja a parte mais difícil de seguir em frente...

Como deixar partir fragmentos do que fomos ao trancarmos nossas janelas?

Talvez a resposta esteja na vivência do luto. É preciso respeitar a dor do fim de um tempo, mesmo que novas portas (muito melhores) estejam se abrindo à nossa frente.

É preciso deixar partir a infância dos filhos, o fim de um relacionamento que parecia perfeito, as amizades que não tinham vínculos muito sólidos, as palavras de amor que não vingaram, a própria juventude, o corpo perfeito, o tempo bom de faculdade, a saúde de nossos pais.

Diante da finitude, temos que aprender a seguir em frente sem olhar pra trás com saudosismo ou sofrimento.

É preciso coragem para queimar cartas antigas que perderam espaço em nossa memória afetiva, deixar abrigos conhecidos onde não nos refugiamos mais, dar chances a novas possibilidades de felicidade.

Nem tudo resiste ao tempo. Agarrar-se ao que não existe mais não permite que novas chances se revelem.

O ouvido se habituará a novos sons se a gente deixar que ele escute novas canções. Assim também aprenderemos a aceitar o novo tempo se facilitarmos o começo de novas possibilidades e entendermos que não há mais o que se esperar daquilo que já passou.

Não há o que se esperar do passado. Ele aconteceu, foi bom, ficou vivo dentro da gente, nos fez feliz... mas passou.

Que permaneçam as boas lembranças, não o desejo de perpetuar vapores de um tempo que não floresceu.

Que os álbuns de fotografia em sépia sirvam para nos lembrar dos sorrisos e sonhos que tínhamos, mas não substituam a alegria de nos relacionarmos com quem está ao nosso lado aqui e agora.

É preciso aprender a partir. A abandonar nossos lugares no mundo e de dentro das pessoas.

Descobrir que, tão importante quanto seguir em frente, é saber deixar pra trás.

Vivendo um luto de cada vez, aprendendo a desistir um tanto do que éramos para abrir espaço para quem nos tornamos; acreditando que uma vida abriga inúmeras fases, e para vivê-las com sabedoria é preciso resgatar o novo e abandonar o velho; sendo tolerante com alegrias novas que querem chegar, e permitindo que nos mostrem o que podem fazer por nós.

Nem sempre é fácil reconhecer que um tempo chegou ao fim. Insistimos em reviver antigos papéis, trazer à tona emoções que se esgotaram, resgatar pessoas que já partiram há muito tempo de nós.

Cada um encerra seus ciclos de forma diferente, e é preciso respeitar o tempo de cada um.

O presente te escolheu. Tenha a sabedoria de escolhê-lo também...

A vida é feita de banhos de chuva e incertezas

Ninguém sabe ao certo o que virá no dia seguinte, no próximo outono, no findar daquele capítulo.

Ninguém consegue imaginar se a próxima página será preenchida com cores sortidas ou linhas suaves.

Não dá para prever se o próximo verão será de sol forte ressecando o solo, ou de chuvas constantes embaçando o vidro do carro.

A vida não nos oferece certezas de espécie alguma, e certo é apenas o momento que vivemos.

É preciso aceitar esse humor variante que a existência tem, e respeitar a força dos ventos, tempestades e turbulências.

É preciso respeito e prudência diante das viradas de página e do fechamento de ciclos.

Na noite do último sábado, sentada na cama enquanto assistia ao filme *Noé* (triste coincidência) com meu filho e marido, nossa casa foi atingida pelo tornado que devastou parte de Campinas. Foram cerca de dois minutos sentindo a força poderosa da natureza. Graças a Deus ninguém se feriu, mas nossa casa foi destelhada e teve as árvores tombadas. No dia seguinte, nosso condomínio estava devastado. Parecia cena de filme, coisa que só temos conhecimento por meio da tevê, e que nunca imaginamos que chegará tão perto de nós.

Quando acontecem eventos assim, que nos pegam de surpresa no meio de um dia comum, percebemos que nada nos pertence nem está sob nosso controle.

A vida é feita de banhos de chuva e incertezas. De girassóis que nos provam a poesia da natureza e orações ao raiar do dia. De beijos de boa noite e a lembrança de alguém que se foi. De cheiro de filho dormindo, e dia começando com gosto de café recém-coado. De crenças e descrenças. De intempéries e esperança. De finais e recomeços.

No fim da noite, já deitado em sua cama, meu menino chorou. Chorou pela queda do nosso ipê bem em frente à nossa garagem. O ipê que ele abraçava quando chegamos aqui, há sete anos, e onde suas pipas se enroscavam nos dias de vento. Sabia que no dia seguinte o ipê teria que ser serrado para que saíssemos de casa, e não queria o sacrifício de sua árvore preferida. Expliquei que viriam outras árvores, mas certamente não teríamos mais um ipê.

Nem sempre recomeçamos repetindo nossa história. Os recomeços são distintos, diferentes, e nem por isso piores.

O problema é que nos apegamos ao que vivemos (sendo bom ou ruim) e queremos perpetuar aquilo que já nos habituamos a viver. Muitas vezes o costume é ser infeliz, e nos surpreendemos querendo repetir a infelicidade.

O tempo do ipê passou. E, mesmo que fique a saudade daquele que enfeitávamos com luzes brilhantes no Natal, agora outra árvore tomará seu lugar.

Que tenhamos sabedoria para aceitar o novo tempo, as novas mudas de árvores, os novos cortes de cabelo, os novos ares, as novas paisagens.

Que haja alegria no fim de um ciclo e começo de outro, e disposição para olhar para a frente e nos cercarmos de esperança.

Que permaneçam a fé e a coragem, para que possamos permitir que a vida siga seu curso, mudando algumas peças de lugar e alterando o itinerário de nosso caminho.

Felicidade distraída

    Que haja um novo sol, uma nova lua, muitas nuvens e alguma chuva. Que as flores enfeitem nosso jardim mesmo que lhes faltem algumas pétalas, e que o canto dos pássaros seja ouvido mesmo que o dia comece menor do que imaginávamos.

    Que as crianças cresçam acreditando na gostosura que é um bom banho de chuva; na beleza que é ver uma trilha de formigas carregando um peso maior que o próprio corpo; no poder da lua em influenciar os partos, os cabelos e a força das marés; e principalmente na magia que existe em observar um arco-íris se formando e enfeitando o céu após uma grande tempestade...

Cuidado com o que você deseja

Tenho o costume de escrever cartas para Deus. Como tudo em minha vida termina em um bloquinho de papel e uma caneta, esta é a forma mais fácil de entrar em contato com o sagrado que há em mim.

Esse hábito vem de um tempo distante, em que era comum viver dando cabeçadas e acreditar que jamais "daria certo" ao lado de alguém. Eu sofria a perda de um grande amor, e não conseguia imaginar outra pessoa (realmente boa) para ocupar esse lugar no meu coração. Então resolvi jogar o problema para Deus. Escrevi uma carta longa, em que eu descrevia, tim-tim por tim-tim, como deveria ser esse alguém. Parecia exigência demais, mas eu queria ser bem específica no querer.

Passado algum tempo (não lembro quanto), conheci meu futuro marido. De imediato não me lembrei da carta, mas um dia encontrei-a no fundo de uma caixa, e qual não foi minha surpresa ao perceber que aquele homem correspondia fielmente à descrição que eu pedira a Deus?!

Tudo isso tem ares de literatura tipo *O Segredo*, e não gosto de pensar assim. Porém, acredito que nossa realidade mental é muito mais ampla do que podemos imaginar, e pode sim direcionar nossa realidade externa em maior ou menor grau.

A gente tem que ter cuidado com o que deseja. Porque, bem lá no fundo de cada um, uma luz se acende com nosso querer, e faz de tudo para não se apagar enquanto a gente não realizar o que anseia, mesmo que inconscientemente.

Você sabe realmente o que está desejando? Tem sido responsável com seus pensamentos e desejos? Sabe em que medida a vida concorda com seus mais secretos sonhos?

Muitas vezes o medo ceifa a concretização de nosso desejo. Então, mesmo querendo muito alguma coisa, nosso medo boicota nosso destino, e assim nada se concretiza. Quantas vezes ouvi histórias de mulheres tentando engravidar, que só conseguiram depois que adotaram? Talvez o medo de tentar e não conseguir acabe sabotando a concretização dos planos. Mas, a partir do momento em que adota (e, portanto, não fracassa), relaxa com o medo e consegue.

Do mesmo modo, boicotamos nossos planos de encontrar alguém para partilhar a vida, mudar de emprego, abrir um negócio próprio, ter um segundo filho, se dedicar pra valer a um sonho, viajar pra um lugar distante, aprender a dançar, largar o namorado, assumir uma nova identidade, ir para a terapia, praticar algum esporte. Tudo são desejos, mas no fundo queremos realmente que se concretizem? Será que desejamos o bastante?

Que nosso desejo não seja diminuído por nossos medos, e que nossa capacidade de sonhar não se perca nos vapores do tempo.

Que a gente siga acreditando que pode melhorar nossa realidade com base em nossos pensamentos, e que nunca nos falte a capacidade de sorrir, aceitar os colos e abraços, e recomeçar de um jeito novo, sem a companhia da desesperança.

Que a gente não desista de tentar, arriscar, desejar. E que permaneça acreditando na ternura e alegria, mesmo quando tudo é só ventania.

E que não nos falte coragem, pois desejar o que se quer e saber o que devemos atrair não é tão simples como deveria ser.

Que haja sabedoria e humildade. Alegria e coragem. E que não nos falte ânimo para superar os desejos frustrados e as mudanças de rota, partes do processo lindo que é simplesmente viver...

Solteirice não é solidão

Não sei se acontece com todas as crianças, mas comigo costumava acontecer. Eu adorava ficar sozinha em casa, me sentindo "responsável" por mim mesma, fazendo boa parte do que eu queria fazer sem dar satisfação a ninguém.

Era tempo de comer o maior pedaço de goiabada da geladeira e dançar dublando Cyndi Lauper no volume mais alto em frente ao espelho. Também aproveitava para atualizar minhas agendas com recortes da minha coleção de revistas *Capricho* enquanto fazia hidratação no cabelo.

Era o momento de curtir minha companhia, cuidar mais de mim, deixar vir à tona uma versão mais livre e descompromissada da pessoinha que eu era.

Claro que eram momentos rarefeitos, por isso pareciam tão fantásticos. Não refletiam uma situação constante, por isso se mostravam tão agradáveis.

Mas então a gente cresce, aprende o gosto de ter alguém, e vai esquecendo o quanto era bom se curtir sem ter um par. Almejamos tanto dedos que se entrelacem aos nossos que já não conseguimos mais caminhar sozinhos.

Estar solteiro(a) não precisa ser um status menos atraente se pensarmos que é uma questão de escolha, e não de falta de pretendentes.

A solteirice também é feita de alegrias, descobertas deliciosas que só experimenta quem não tem medo da própria companhia.

É muito bom ter a casa cheia, conversas ao cair da noite, companhia para brindar uma taça de vinho tinto ou dividir um café bem quente. É muito comum associarmos esses hábitos a quem tem um par – essa nossa mania de classificar as pessoas pela fachada... Mas pode ser justamente o contrário. Tem muita gente comprometida que vive um relacionamento composto de duas solidões. Estar acompanhado não é garantia de estar completo ou satisfeito.

A solteirice não pode ser vista como um estado transitório, um período entre um relacionamento e outro, como se o mais importante fosse arranjar alguém. É comum pensarmos assim, daí a associação com a solidão.

Solteirice não é solidão. Solteirice é aprendizado, mesmo que isso signifique gabaritar a prova de autoconhecimento. É tempo de assistir a todos os filmes baseados em fatos reais da Netflix e imaginar a própria vida de um jeito diferente; é ter tempo de retomar antigas leituras ou seguir sites interessantes na internet; é hora de descobrir se aquela música linda está disponível para download, se aquela receita picante é mesmo um sucesso, e se ainda dá tempo de começar um jardim.

É preciso valorizar os momentos que passamos em nossa companhia. A vida também é feita de silêncios e recolhimento, passos na ponta dos pés enquanto todos dormem, cheiro de café coado de manhã se espalhando pela casa, leite condensado provado direto da lata, jornal aberto sem critério ou organização, viagens sem destino certo, abraço em torno de si mesmo, sorrisos sentinelas na frente do espelho, canções bonitas ao cair da noite, filmes emocionantes numa tarde fria.

Já não sou mais a mesma menina que desfrutava sua liberdade quando os pais saíam de casa. Tive alguns namoros, fiquei solteira inúmeras vezes e me casei há alguns anos. Porém, aprendi a me resgatar de tempos em tempos. A descobrir meu cantinho particular neste mundo tão cheio de estímulos e informações.

Preciso de um tempo comigo mesma. A menina que dançava na frente do espelho ainda me chama para momentos só nossos.

É importante encontrar esses momentos de "sozinhez". São esses momentos que nos tornam mais exigentes e determinam nossa abertura para o mundo. Com o tempo descobrimos que só abrimos mão do encontro com nós mesmos se realmente valer a pena. Só deixamos alguém entrar se for para acrescentar. Como eu disse, estar solteiro(a) pode ser uma questão de escolha, e não de falta de pretendentes.

Enfim descobrimos que a vida pode ser contada de uma forma prazerosa sem seguir o script padrão, aquele que todos esperam que a gente cumpra. Acreditando que nosso mundo interior é muito mais amplo do que imaginamos, e jamais caberá em rótulos como "estado civil feliz ou infeliz".

Bem-aventurados os que ainda têm seus avós

Enquanto escrevo este texto você luta pela vida em um leito longe de suas orquídeas, de seu quintal, de seu fogão.

É, vó, a vida aprendeu a ser colorida ao seu lado, e o que seriam os dias sem o cheiro de bolo de fubá com erva-doce e pudim de leite condensado derretendo na boca?

Estou só. Longe da sua risada espontânea e do toque suave de suas mãos que tanto me aquecem, só a lembrança me faz sorrir.

Aos poucos percebo que uma avó é fagulha de tempo; presente precioso guardado para alguns poucos afortunados como eu; cafuné sem pressa e café com biscoitos nas primeiras horas da manhã.

Ao lhe telefonar já espero o "tatibitate" costumeiro do outro lado da linha. Ainda me trata como seu bebê, mesmo que já tenha amadurecido tempo demais.

Peço a Deus que me conceda mais tempo ao seu lado. Preciso aprender aquelas receitas antigas – do pão de queijo especial, do biscoito mineiro, da broinha de fubá... –, e sinto que não houve tempo de discutirmos o ponto da calda do pudim ou a temperatura do forno para o bolo sair exatamente como o seu.

Não tive tempo de aprender as receitas do mesmo modo que não perguntei como cuida de suas orquídeas para elas florirem tanto (certamente você dirá: "com amor"...).

Ainda quero te abraçar mais, sentir seu cheiro, compartilhar do seu batom. Quero admirar seus olhos verdes combinando com a cor da blusa, e elogiar seu cabelo, que teima em ser farto onde me faltam os fios.

Quero aprender mais acerca da alegria e liberdade, e admirar sua coragem ao desbravar a rigidez da vida. Quero saborear aquela nossa cervejinha gelada e brindar sua alegria e vivacidade.

Hoje eu só lhe peço uma coisa: volta logo pra casa!

Vem cuidar do seu jardim e encher os cômodos com cheiro de pizza caseira coberta com molho de tomate. Vem me receber na varanda e acenar no portão. Vem atender ao telefone mudando a voz quando descobre que quem liga sou eu, e sentar no tapete da sala rindo de alguma bobagem sem importância.

Obrigada, vó querida, pelo amor que despertou em mim. Obrigada pela sabedoria com que soube amar e abraçar os seus. Você me ensinou o valor de amar sem preconceitos, e isso vou guardar por toda a vida!

Obrigada por existir, e principalmente por me permitir experimentar seu colo salpicado de farinha e seu amor...

Tire os sapatos antes de entrar

Desde menina aprendi hábitos como "bata antes de abrir" e "ore antes das refeições". Cumpri esses rituais com exatidão, e sempre respeitei a importância do gesto.

Mais amadurecida, fui cuidando de minhas conquistas até adquirir o primeiro tapete para a sala. Era macio, felpudo, clarinho e aconchegante. Foi tempo então de aprender mais uma regrinha pessoal: "tire os sapatos antes de entrar" (no caso, antes de pisar no tapete). Eu não sugeria o manual a quem viesse me visitar, mas seguia a recomendação comigo mesma, sentindo nos pés a textura daquele tapete reconfortante.

O tempo passou, e me lembrei do tapete algumas vezes, quando tive o coração pisado e doeu.

Doeu como solas de borracha pesadas afundando no solo frágil de minhas emoções. Doeu como o "toc-toc" de tamancos enormes batucando cada centímetro da minha alma. Doeu como saltos agulha miseravelmente agudos capazes de afundar o terreno arenoso da minha existência.

Eu desejava pantufas de algodão e meias alvejadas de carinho, e, no entanto, sentia meu peito vibrar no compasso brutal que eu permitia ser direcionado a mim.

Aos poucos fui descobrindo que, se a gente quer que a pessoa tire os sapatos antes de entrar, a gente tem que falar. A gente tem que vencer as barreiras de constrangimento e se posicionar.

Ninguém, a não ser a gente mesmo, sabe a medida do que lhe faz bem ou mal. Só você sabe o que é capaz de lhe causar medo, alegria, dor, contentamento, frustração, esperança. E só você pode definir os limites da linha que divide o respeito do desrespeito por si mesmo.

Só você sabe do que é feito seu terreno e o quanto ele pode suportar.

A gente tem que aprender a se proteger. Esse é um aprendizado que leva tempo, mas nos torna muito mais fortes também.

Se proteger é aprender a pedir para tirarem os sapatos antes de entrar, e não permitir ser pisoteado por calçados pesados, pontiagudos ou muito encardidos.

É ser gentil consigo mesmo, entendendo que nossa alma é como um grande tapete branco felpudo, que merece ser acariciada por pés macios e pantufas carregadas de leveza.

Tem gente que se acostuma a ser pisado com brutalidade. E, por almejarem o que é familiar, procuram quem continue lhe pisando sem cuidado nem amor. Recusam o conforto da novidade, para se cercarem da dor conhecida.

Que o amor chegue de mansinho, e peça licença antes de se aproximar.

Que traga alento, e que a gente aprenda a agradecer aos céus quando se apaixonar.

Que seja delicado, e nos ensine a importância de se respeitar.

Que seja bem-vindo, mas que tire os sapatos antes de entrar...

"O mundo da gente começa a morrer antes da gente"

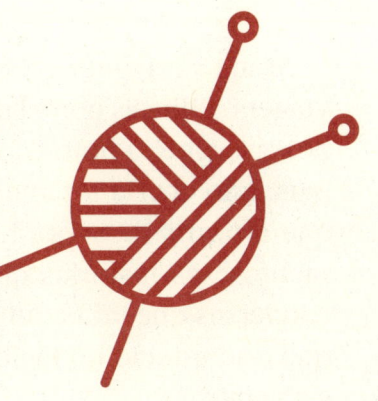

Dona Fernanda é vizinha de minha mãe e se prepara para se mudar para um asilo.

Nunca se casou nem teve filhos. Está com oitenta anos e teve poliomielite na infância. Os sobrinhos não podem acompanhá-la diariamente e, por isso, a opção mais adequada é o asilo.

Depois de passar pelo luto inicial, ela agora se organiza para deixar sua casa e tudo o que ela representa.

Pouco a pouco vai se despedindo dos objetos que compõem sua vida e abrindo mão da independência que tinha para assumir uma nova versão de si mesma, talvez a última.

O mundo de dona Fernanda aos poucos vai morrendo, e ela tem que ser corajosa para permitir que esse mundo se despeça dela antes do fim.

Enquanto somos jovens, recomeçamos inúmeras vezes, e de repente estamos em outro mundo, bem diferente do anterior, sem nos darmos conta disso. Viramos a página e seguimos com novas histórias, paisagens, amigos, amores. Mudamos o corte de cabelo, fazemos um regime, tatuamos uma frase no antebraço, nos apaixonamos por uma banda de que ninguém nunca ouviu falar.

O mundo da gente se transforma, mas também morre. E, quanto mais velhos somos, maior é a sensação de que esse mundo está se despedindo.

Dona Fernanda sabe que essa é provavelmente sua última viagem. Olha as porcelanas na sala de visitas e decide com quem ficará a sopeira pintada à mão que foi presente das bodas de seus pais. Não queria ter que se desfazer de suas memórias, mas sabe que a partir de agora terá que carregá-las somente no pensamento. Nas histórias que contará aos que forem visitá-la. Nas conversas que terá com suas companheiras de asilo. Nos sonhos que a acordarão no meio da noite fazendo-a acreditar que ainda está em casa.

Aos poucos tem aprendido a desapegar-se e aceitado seguir com menos bagagem...

Há uma frase de Eliane Brum que diz: "É preciso dar lugar à morte para que a vida possa continuar. É para isso que criamos nossos cemitérios dentro ou fora de nós. Em geral, mais dentro do que fora".

Assim, acredito eu, é preciso sepultar nosso mundo que não existe mais, para que a vida flua como um rio abundante, permitindo que o antigo dê lugar ao novo.

Talvez dona Fernanda precise sepultar sua vida anterior para que possa acariciar-se gentilmente daqui pra frente. Para que possa renovar o olhar a si mesma, adoçando com algumas gotas de afeto a relação que tem com a pessoa que se tornou.

Ao perceber que nosso mundo se despede, talvez devêssemos cuidar mais de nós mesmos.

Cuidar de nós mesmos é pisar com delicadeza no solo novo que quer surgir e ser paciente com as plantinhas imaturas que começam a despontar. É regar com carinho as mudinhas recém-colhidas e ser grato pela possibilidade de começar um novo jardim.

Que cada um encontre aquilo que acaricia a sua alma, e que o tempo novo traga a esperança de dias regados com tolerância e amor-próprio. Que venha o cheiro de café recém-coado para nos lembrar de que, mesmo que a vida recomece o tempo todo, algumas coisas permanecem trazendo conforto independentemente da dança dos dias. Que venham sabor de comidinha caseira e lençóis limpos sobre a cama. Que venham saudade estampada no porta-retratos e motivos para sorrir ao se lembrar daquele sorriso na fotografia. Que haja paz e encontro, fé e aceitação, cuidado e amparo, na forma de um abraço sincero ou chá de erva-doce ao cair da noite.

Torço por dona Fernanda. Em silêncio, oro para que aceite sua mudança e acaricie seus pensamentos. Que ela possa continuar caminhando, mesmo que a estrada se apresente mais dura daqui pra frente. Que ela não perca a doçura, ainda que seus dias sejam mais amargos.

E que saiba encontrar recursos para prosseguir, pois o mundo se despede a todo momento, mas a gente tem que continuar...

"Existem muitas emoções que as pessoas julgam ser amor, mas não são"

Quando eu era pequena, adorava ir fazer visitas com minha mãe. Havia sempre aquele momento (esperado!) em que os donos da casa ofereciam um café aos adultos e um bombonzinho às crianças.

Aquele breve momento de degustação valia todos os minutos de conversa entediante e horas preguiçosas. Estava ali o que me faltava, a doce recompensa por ser uma boa menina.

O tempo passou e, ainda muito nova, acreditava que amor era mais ou menos isso. Que um dia iria conhecer alguém e esse alguém seria a doce surpresa que chegaria para recompensar meu tempo de espera. O grande mimo para suprir toda a minha tristeza adolescente e noites vazias rabiscando meu diário.

É claro que os primeiros namorinhos tiveram gosto de cafezinho com bombons na antessala dos meus sentimentos imaturos. Mas não duraram, e me deixaram com gosto de adoçante e papel metalizado na boca.

Me frustrava demais porque esperava muito deles. Esperava que surgissem somente para me agradar, somente para me animar, somente para me fazer feliz, somente para me salvar. E é claro que eu pensava ser capaz de fazer isso tudo por eles também.

Aos poucos fui amadurecendo e percebendo que não era assim. A sensação que eu sentia – de ser resgatada no meio de uma conversa de adultos por alguns chocolatinhos – era muito parecida com a sensação de conhecer meu primeiro namorado. Eu queria ser resgatada, e isso não é amor.

Descobri, então, que amor se confunde com muitas outras coisas, nem sempre verdadeiras, mas que enchem nosso peito de satisfação... e confusão.

"Existem muitas emoções que as pessoas julgam ser amor, mas não são." Peguei a frase emprestada do doutor Théo, o psicanalista do seriado *Sessão de Terapia*. A frase me fisgou, assim como toda a verdade por trás dela.

Me fez lembrar uma outra frase, de Antoine de Saint-Exupéry, que diz: "O verdadeiro amor nada mais é que o desejo inevitável de ajudar o outro a ser quem realmente é".

Porque há muita confusão por aí. Tem muito sentimento miúdo se confundindo com amor verdadeiro. Tem muita emoção pequena se passando por afeição sincera. Tem muito desejo de posse se misturando com bem-querer pra valer.

Amor é quando você deseja o bem do outro mesmo sabendo que ele será mais feliz longe de você. É doloroso, eu sei, mas é real. E isso não vale somente para o amor romântico, e sim entre pais e filhos, irmãos, amigos.

Amor é querer que o outro seja ele mesmo em sua integridade, quando permito (e facilito) que o outro se aproxime de quem é de fato, independentemente do meu desejo de que ele se molde a mim.

É difícil amar de verdade. Amor assim, puro, sincero, no duro, é muito raro.

Porque amamos dentro de nossas regras. Amamos quando o outro nos dá a mão e diz que vai ficar tudo bem. Agora, quando algo não sai conforme o script, o amor é substituído por medo. Medo de perder, medo de ser desnecessário, medo de ser preterido, medo de ficar sozinho. No fundo já nos sentimos desamparados, por isso tememos tanto.

Não tem essa de esperar que o outro venha preencher todos os espaços vazios ou colorir todas as telas em branco.

Amor não é para preencher lacunas.

Amor não vem para completar pessoas incompletas. Amor é sentimento para pessoas inteiras, para quem aprendeu a se amar e se respeitar.

Amor não é a hora do cafezinho no meio de uma reunião chata. Pois amor não resgata nem salva ninguém.

Amor é sal. Amor é tempero. Amor é colo e cheiro, sabor e calor. Vem para acrescentar, mas não é tábua de salvação. Vem para acalmar, mas não nos impede de transpirar. Vem para apascentar, nunca atormentar...

A primeira prova

Uma das frases mais marcantes em *Boyhood – Da Infância à Juventude* foi aquela dita pela mãe, quase no final do filme: "Eu só achei que haveria mais".

Sempre achamos que haverá mais. E constatamos admirados, dia após dia, que sempre há. Porém, nunca do mesmo jeito. Apesar de não nos surpreendermos de imediato, chega uma manhã em que nos formamos na faculdade; um dia em que corremos pra maternidade; uma noite em que os filhos crescem; uma hora em que a gente envelhece.

Hoje meu filho está fazendo sua primeira prova na escola, e mais cedo apontei seu lápis desejando que ele saiba lidar com o que virá depois. Depois de descobrir que algumas coisas a gente não pode mudar, mesmo que recorra à borracha insistentemente. Depois de perceber que uma hora ou outra vai duvidar de si mesmo, julgando-se pequeno ou incapaz de prosseguir. Depois de descobrir que pode recomeçar, e que existem inúmeros jeitos diferentes de tentar e arriscar.

É possível acreditar em milagres, mas eles só acontecem pra quem deixa a porta aberta. Pra quem se envolve com o que deseja, e se esforça com empenho para que a vida se alinhe aos seus anseios. Pra quem enxerga que não 'chegar lá' também pode ser uma forma de ser recompensado. Um milagre que lhe conduz por um caminho oposto, por razões que só se justificam à luz da fé.

É certo que virão noites regadas a café forte e pontas de lápis apontadas à exaustão; fórmulas coladas na parede e marca-textos em cada página de livro. Orações ao cair da noite e esperança no raiar do dia.

Porém, mesmo desejando, é primordial que não deixe as corridas dominarem você. Que perceba que, muito além das notas no final do ano, o que mais conta nesta jornada são os pequenos trunfos que acontecem silenciosamente, sem que ninguém nos avalie. Como quando descobrimos nossos gostos musicais, nossas primeiras paixões, os amigos com quem desejamos compartilhar nossos segredos, as lembranças que nos fazem sorrir, as saudades que nos fazem voltar.

Serão essas conquistas que farão com que você perceba que sempre 'há mais'. E, enquanto torço para que passe bem por sua primeira prova, descubro que é minha primeira vez também.

Aqui, do lado de fora, torcendo por você.

Percebendo que daqui pra frente algumas batalhas serão só suas.

Descobrindo que, mesmo desejando, alguns passos desta dança são só seus...

Boa sorte!

Que o amor nos salve da vida

Esta semana recebi o e-mail de uma leitora, brasileira residente em Dallas, contando sua história. Me pediu um texto. Embora não costume fazer textos sob encomenda, algo me despertou, e recordei a frase atribuída ao poeta e escritor Pablo Neruda (na realidade, a frase é de Javier Velaza), que diz: "Se nada nos salva da morte, pelo menos que o amor nos salve da vida"... Pois a vida é uma experiência dura, muitas vezes confusa, incompreensível e incerta; e reconhecer um abrigo no meio de tanta inquietude é acolher o tempo da clareza, em que tudo passa a ser suprido de sentido.

Alguns amores nos salvam da vida. Por resgatarem quem somos depois que partes de nós mesmos são deixadas pelo caminho. Por fazerem de nossas cicatrizes parte de suas estruturas também. Por acolherem nossa história com delicadeza, transformando o que era imperfeito numa nova possibilidade. Por permitirem o encontro com a esperança, o cortejo com a fé. Por dividirem as angústias do existir, permitindo que nossos fantasmas sejam lapidados, nunca enterrados.

O amor nos torna vulneráveis. Ainda assim, percebemos sua urgência quando compreendemos que a vida é uma faísca, um piscar de olhos entre o nascente e o poente de nós mesmos.

Como diz a canção "Começo, Meio e Fim", do Roupa Nova: "a vida tem sons que pra gente ouvir precisa aprender a começar de novo...".

E descobrimos que começar de novo não significa retroceder, mas entender que não haverá mais de nós em cada esquina ou aeroporto. Que não há outro tempo em que estaremos juntos além do tempo presente que se descortina diariamente. Que não seremos melhores ou maiores além do que podemos ser nessas horas em que vivemos e permanecemos lado a lado.

De vez em quando, torna-se necessário fazer o caminho de volta para que o amor nos reconheça também.

Desistir das corridas, dar trégua aos projetos "imprescindíveis", abandonar rotinas desgastadas pelo tempo, apaziguar o contrato com a pressa. Resgatar os laços, valorizar os momentos, perceber-se merecedor daquilo que não se toca nem se vê. Arriscar a travessia, suportar os desvios do percurso, desistir de antigas rotas, aplacar a saudade do que ainda está lá.

O tempo leva embora de diversas maneiras, enquanto a vida traz sem grande alarde.

Que haja lucidez. Lucidez para enxergar os presentes que recebemos e poucas vezes enxergamos.

Lucidez para valorizar o que nos pertence de fato.

Lucidez para aceitar o fim de um tempo e o começo de outro, diferente, mas nem por isso pior.

Lucidez para acolher o que é verdadeiro, real e provido de sentido.

Lucidez para amar e ser amado.

Lucidez para finalmente permitir que o amor nos salve da vida...

Pessoas que nos emocionam

Outro dia, assistindo ao programa *Mais Você*, ouvi Cissa Guimarães dizer que o amigo André Marques a emocionava. Mais que um elogio sincero, aquelas palavras traduziam muito do que sinto em relação a algumas pessoas. Certamente você conhece pessoas assim. Gente que nos emociona com sua história, seus gestos e suas palavras.

Pensei na lista de pessoas que me emocionam, e no porquê de elas despertarem essa emoção em mim. Poderia citar Jesus Cristo, Gandhi e Mandela, mas falo de gente comum, gente que cruza nosso caminho todos os dias e nos ensina a ter olhos de poesia só de olhar para elas. Ana Jácomo disse que essas pessoas têm cheiro de colo de Deus, e acho que é isso mesmo. Talvez sejam almas que nos abraçam com sua presença, amansando nosso desconforto rotineiro e nos convidando a ser quem somos de fato, longe dos papéis que assumimos, falando sobre aquilo que cremos de verdade e vivendo de acordo com o que temos fé.

Tem gente que nos comove à primeira lembrança. Perto delas nossa fala encontra reciprocidade, e a gente se abre sem reservas sem mesmo entender por quê. Ao lado delas nossa dúvida encontra alívio e nosso medo perde abrigo.

Tem gente que nos dá saudade, e a saudade é a emoção da falta que aquela pessoa faz. A lembrança de suas mãos quentes nos segurando nos dá a certeza de que em algum lugar alguém se importa de verdade, e só isso já é um alento, seja em que circunstância for.

Algumas pessoas cruzam nosso caminho e estabelecem uma ligação forte desde o primeiro instante. Dizem que "os santos batem", e perto delas nosso riso é mais solto e o choro não tem receio de brotar. Com elas o assunto não falta, e a vontade de estar junto supera os obstáculos de tempo e lugar. Perto delas somos mais autênticos, e a vida ganha coerência e lucidez.

Tem gente que aparece em nossa vida feito passarinho cantando de manhã. Sabem que podem se aproximar e não têm receio de que irão incomodar.

Tem gente que pode silenciar ao nosso lado sem que haja estranhamento ou acanhamento. Perto delas o silêncio é consentido e bem-vindo, e entendemos que a alma também precisa de trégua, descanso e mansidão.

Pessoas que nos emocionam carregam histórias bonitas dentro delas. Sabem valorizar cada momento presente com leveza e sabedoria porque já superaram obstáculos e saíram vencedoras. Nos animam com sua força e servem de inspiração e motivação.

Perto delas a gente se sente ouvindo "A casa é sua" do Arnaldo Antunes no volume mais alto, e entende a letra que diz: "até o teto tá de ponta-cabeça porque você demora...".

Tem gente que nos transmite paz sem que nenhuma palavra seja dita. Silenciam nossa alma com cuidado e plantam sementes de otimismo em nosso caminho.

Desejo que você encontre pelo menos uma pessoa assim. Alguém que lhe tire do lugar-comum e lhe comova de um jeito especial. Que, ao pensar nela, seu coração sorria e sua alma sinta estar sendo acariciada.

E que você possa ser essa pessoa também. Que em algum lugar, em algum momento, alguém pense em você e sinta que está se emocionando de verdade...

Nove anos

Nunca soube de fato quando foi que aprendi a assobiar. O momento em que meus lábios fizeram a curva exata, formando o arco por onde passaria o ar.

Talvez você vá se esquecer também – esses singelos trunfos se perdem pelo caminho –, mas agora, na última semana que antecede seus nove anos, o som de seu recente assobio acusa o tempo da simplicidade, os vestígios de uma época que valoriza os pequenos gestos, o encontro com as alegrias miúdas, muitas vezes esquecidas no decorrer da jornada.

Seu aniversário chegou hoje, me lembrando das horas daquele dia, há nove anos. Eu não sabia, mas descobriria mais tarde que a vida também é feita de assobios, arquitetura de gravetos, aviões de papel e histórias fantásticas ao cair da noite.

Hoje, o que me move é estar consciente desses momentos, pois são vapores, e o embaçado do tempo deforma as certezas enquanto rapidamente crescemos.

Hoje no carro, enquanto dirigia a caminho de sua escola, você me disse que estava ao mesmo tempo feliz e triste por seu aniversário. A tristeza vinha do fato de que estava crescendo. Eu lhe respondi que era assim mesmo, por um tempo a gente cresce, depois a gente envelhece... Sim, eu sei, a realidade é crua, mas a sabedoria está em encontrar algum sentido.

Vivemos em busca de sentido, como você, do alto de seus oito anos, me pedindo explicações: "Por que é que eu tenho que estudar pra prova, mamãe, se no final todo mundo vai morrer?". E eu lhe dizendo que antes do final a gente vive um bocado também, e é em consequência desse bocado que a gente estuda, trabalha, ama, escolhe, se arrepende, se ilude, se desilude, magoa, perdoa, arrepende, acredita, tem fé, batalha, vence, dia a dia, hora a hora...

O sentido não está somente nos grandes feitos – "plantar uma árvore, escrever um livro e ter um filho". O sentido está naquilo em que você põe seu coração, nem que seja só um pouquinho, mas que lhe satisfaz de uma forma inexplicável.

Como quando você aprende a assobiar. Parece bobo, parece pequeno, mas você sabe – e eu sei também – o quanto aquilo era um desafio pra você, muito mais que gabaritar a prova de Português.

Antes de tudo, lembre-se de que não há um modelo a ser seguido. Uns encontram sentido no alto da montanha; outros, numa mesa farta repleta de amigos. Há quem se refugie na oração, outros numa academia de ginástica.

Porém, é importante que não encontre apenas uma forma de fazer sentido. Que não escolha um único jeito de se encantar com a vida. Isso pode ser perturbador também. Imaginar que só há um caminho, uma única rota para ser completo.

Deseje saúde, mas não fique refém da musculatura estirada e hipertrofiada. Deseje liberdade, mas não imagine que ela está no fim de uma estrada íngreme e cheia de curvas. Tenha fé e respeite o sagrado que há em você, mas não julgue nem discrimine outras formas de espiritualidade. Estude, aprenda, pratique, mas não se fixe num boletim repleto de notas máximas. Deseje um bom emprego, com um salário digno, mas não abra mão dos seus ganhos pessoais em razão dos rendimentos profissionais. Não seja avarento, consuma com moderação e jamais desperdice. Ame e se permita ser amado por alguém, mas não espere ser retribuído na mesma proporção ou com os mesmos gestos. Tolere as diferenças e tenha paciência com as demoras.

Busque refúgios variados, pois a vida é cheia de urgências e pode varrer algum de seus castelos. Encontre abrigo na música,

Felicidade distraída

na poesia, na fotografia, nos esportes, nas boas leituras, no cinema, nas amizades, na oração, no encontro consigo mesmo, no amor em suas diferentes formas.

E se um dia faltar-lhe sentido, quem sabe se lembre do assobio. Pode ser que o gesto lhe recorde o menino de nove anos que ainda mora aí.

O menino que hoje comemora a simplicidade da existência, e ensina que é preciso pouco para ser inteiro... FELIZ ANIVERSÁRIO!

Possibilidades

Eduardo Galeano, jornalista e escritor uruguaio que partiu recentemente, escreveu certa vez: "Cada mundo contém muitos outros mundos possíveis. Neste mundo, há outro mundo possível".

Gosto de pensar que somos possibilidades que se concretizaram. Reais, mas ainda assim possibilidades. Dentro de cada mundo, muitos outros mundos possíveis.

Todos os dias, ao acordar, o local onde nos espreguiçamos diz muito sobre as escolhas que fizemos até o momento. Minha cama está embaixo de um teto que escolhi como abrigo, numa cidade que me acolheu para viver e trabalhar. Meu marido é alguém que cruzou o meu caminho e, por uma série de razões, escolhi para me acompanhar. Nosso filho é parte dessa escolha, a melhor possibilidade que poderia ter me ocorrido.

Tudo o que nos cerca um dia foi uma possibilidade. Alguns eventos poderiam ter sido evitados, outros não. Sobre o que não dependeu de nossa escolha, surgem diversas outras possibilidades, que também podem ser encaradas como respostas.

Talvez seja essa a maior possibilidade que temos: aprender a responder aos eventos, escolhidos ou não, da melhor maneira possível. Aprender a fazer malabarismo com o mundo que se apresenta possível à nossa frente, tentando extrair dele o melhor desfecho que pudermos.

A liberdade de responder aos eventos é a maior possibilidade que temos. É o que faz nosso mundo possível ser bom ou ruim, independentemente das possibilidades inseridas nele.

Amanheceu chovendo e você não pode caminhar no parque? Torne possível o cochilo estendido e despretensioso.

O calor está insuportável e não tem ar-condicionado? Torne possível a limonada gelada.

O grande amor se foi? Torne possível o amor-próprio, redescubra as amizades, mude o corte de cabelo, vá correr na praça.

Perdeu alguém? Torne possível o luto, mas depois permita ser possível o recomeço: escreva, pinte, cante ou cultive um jardim.

O passado foi difícil? Torne possível a felicidade do presente: invente leveza, releve mágoas, perdoe traumas, acumule afetos, colecione alegrias.

Está doendo? Torne possível a pausa, respeite os limites, tome um chá, dê asilo às emoções, acredite que vai passar.

Enxergar possibilidades naquilo que efetivamente existe não é simples. Simples é cair na armadilha do lamento e da vitimização. Sei disso porque de vez em quando acontece comigo também. Mas tenho consciência disso. E esse é o primeiro passo pra gente prosseguir modificado.

Meu aniversário chega neste sábado, e isso me enche de esperança e otimismo. Enquanto sinto que novas possibilidades se descortinam à minha frente, desejo que você possa enxergá-las também.

Que a gente torne possível a alegria na imperfeição, o recomeço na desilusão, a esperança na contradição.

Que possamos acreditar que dentro de nosso mundo há outro mundo, também possível, e muitas vezes melhor.

Depende de nós e de nossa capacidade de encontrar respostas.

Pois conflitos e angústias vêm e vão; o que permanece é nosso universo de possibilidades...

"Alguma coisa acontece no meu coração..."

Não lembro a primeira vez que ouvi "Sampa", mas a memória insiste em trazer de volta uma noite em Alfenas, quando "Pan--Américas de Áfricas utópicas, túmulo do samba, mais possível novo quilombo de Zumbi" foi recitada, sem deslizes, nos meus ouvidos por um dos colegas da faculdade, e, embora nunca tenha cruzado a Ipiranga com a Avenida São João, o último feriado me trouxe a Paulista, com sua arquitetura e cultura, seus encantos e recantos.

Enquanto Bernardo tem provas sobre a origem da cidade de São Paulo, e me ensina o papel dos jesuítas na fundação do Colégio São Paulo de Piratininga, constato admirada que, embora meu filho tenha raízes mineiras, é no estado de São Paulo que ele cresce, aprende, se desenvolve e me ajuda a conhecer a história do lugar que acolheu não só a mim, mas também meus dois irmãos e, por último, minha mãe.

Tenho preguiça de trânsito em feriado. Por isso, no fim de semana estendido com o Dia de Tiradentes embarcamos para Sampa – pertinho, cheia de novidades, cultura, arte, livrarias, restaurantes, hotel... casa do meu irmão e rua da minha avó.

Sentada no chão da Livraria Cultura, ao lado de meus dois meninos, cada qual com seu livro, deixei as lágrimas rolarem enquanto um texto, aberto despretensiosamente, me arrebatava e comovia. O livro foi fisgado ao acaso, mas de repente me fez perceber que

Felicidade distraída

minhas folhas há tempos não trazem espaços em branco; ao contrário, hoje carrego mais bagagem que linhas por escrever.

Nos esquecemos em que ponto de nós mesmos deixamos de ser um tanto do que éramos para adquirir os modos de quem nos tornamos.

Esse foi o feriado em que, pela primeira vez, meu filho sentiu-se completamente em casa dentro de uma livraria. E, enquanto lia concentrado o segundo volume da saga de J.K. Rowling, eu entendia que a vida não precisa ser narrada da mesma forma, repetidamente, para que adquira algum sentido; que eu posso ajudar a criar um recanto de boas lembranças para o Bernardo longe das ruas de paralelepípedos em que cresci, além dos quintais de chão de cimento e pique-esconde atrás de um banco de jardim.

Revisito meus conceitos de felicidade e simplicidade e dou boas-vindas ao novo tempo que insiste em revelar a poesia concreta dos muros da cidade grande, que também tem arte no Masp, vista deslumbrante no Terraço Itália e tapete cheio de livros no Conjunto Nacional.

A gente não precisa achar que só pode ser feliz repetindo velhos hábitos. Ouvindo as mesmas músicas, se emocionando com os mesmos filmes, admirando os mesmos atores, atravessando as mesmas ruas, tendo saudade das mesmas pessoas, querendo que os filhos sejam felizes nos mesmos quintais, escalando as mesmas árvores.

Gosto de tradições e diversas vezes caí na armadilha do romantismo que permeia o saudosismo, mas perpetuar os costumes não garante a felicidade, simplesmente porque o tempo modifica tudo.

Em São Paulo comemorei mais um ano. Ao retornar a Campinas, algo em mim estava diferente. Não somente pela novidade e mudança de ares, mas por compreender que a vida tem cumprido seu papel transformador.

Por constatar que jamais me desligarei de minha mineirice, de fala arrastada e gestos contidos, mas que aos poucos se torna necessário assumir a pessoa que me tornei, ocupando o lugar que me foi reservado, encontrando sentido no ar que respiro e no caminho que sigo, descobrindo a mim mesma neste novo universo que me cerca.

Ainda escuto "Sampa" numa noite em Alfenas. Mas me dei conta de que foi aqui, longe daquela noite, que tenho concretizado o que sempre desejei ser de verdade. Aos quarenta e um, casada com um grande homem, vivendo em terras paulistas e mãe de um rebento que me ensina dia a dia que não preciso recontar minha infância para ele ser feliz.

Que ele pode andar de bicicleta nas ruas do condomínio e subir em árvores no sítio do avô; mas, ainda que falte café com leite e biscoitão da padaria, permanecerão nele as lembranças de uma casa com escadas gigantes e 'abraço de nós três' ao cair da noite...

Farinhas do mesmo saco

Outro dia, um amigo de longa data se referiu a mim e a uma amiga em comum como "farinhas do mesmo saco". E ri da expressão, orgulhosa de ser o mesmo tipo de pessoa que minha amiga.

Dizem que os opostos se atraem. Talvez porque eu busque no outro o que me falta, ou aquilo que desejo revelar, mas só ele consegue exteriorizar.

Porém, em se tratando de amizades, felicidade é ser farinha do mesmo saco, do tipo que engrossa o mesmo caldo ou dá consistência ao fermento que fomenta a vida.

Quero ser farinha do mesmo saco de quem mora longe, mas se faz sempre perto, e não deixa a saudade distanciar. De quem cuida da amizade com vontade de estar presente, sem correr o risco de que o tempo apazigue a memória do que sempre queremos lembrar.

Desejo ser farinha do mesmo saco de quem não tem medo de ser imperfeito, e trata com carinho seus deslizes, compreendendo que nossas incompletudes são partes do mesmo saco também.

Sou farinha do mesmo saco de quem compartilhou um tempo bom, e fez da trilha sonora e cinematográfica de sua vida parte da minha também, eternizando *Grease*, os clássicos de Woody Allen, "Moon River", Legião e "Go Back" - na versão linda com Fito Páez.

Sou farinha do mesmo saco de quem me viu modificar com a idade, e transformou-se comigo, superando as dificuldades do caminho e prosseguindo lado a lado, compreendendo que, ainda que os roteiros sejam distintos, permanece aquela linha invisível ligando os mundos.

Quero ser farinha do mesmo saco dos amigos que inventam grupos no WhatsApp, e espalham vídeos, fotos e outras bobagens só pelo pretexto de nunca mais deixarem a distância apartar.

Sou farinha do mesmo saco de quem não consigo esconder um segredo, e partilho mesmo correndo o risco de chorar; entendendo que no mesmo saco encontro amparo para meus medos e conflitos também.

Sou farinha do mesmo saco de quem entende minha reserva de tempos em tempos, a necessidade de encontrar abrigo em meu universo particular, de quem supera meu contraste e introspecção.

Sou farinha do mesmo saco de quem não se fragiliza diante de minha alegria, mas partilha do mesmo sorriso quando a vida floresce em meu canteiro.

Quero ser farinha do mesmo saco de quem compartilha sua alegria sem rodeios, e não se intimida quando o tempo traz a poda de suas – e minhas – mudas ou estruturas.

Sou farinha do mesmo saco de quem não tem medo de chegar, e não vive com receio de que a proximidade derrube as portas que construiu pra se blindar. De quem entende que a amizade é um sentimento mútuo, que só cresce reciprocamente.

Sou farinha do mesmo saco de quem perdoa a si mesmo, e aprende a não se culpar em demasia. De quem me ensina a relevar meus julgamentos e entende minhas pequenices, tombos e fraquezas, sem usar isso pra me desconcertar.

Quero ser farinha do mesmo saco de quem ama sem impor condições, e permite que lhe amem na mesma proporção. De quem não evita a possibilidade de ser melhor com o tempo, mas tenta se aprimorar com a passagem dos momentos.

Sou farinha do mesmo saco de quem sabe dirigir o olhar com delicadeza e serenidade, acreditando que é merecedor de dádivas e milagres diários. De quem sabe agradecer o presente que é a própria vida e tolera os imprevistos com ginga e sabedoria.

Felicidade distraída

Quero ser farinha do mesmo saco de quem tem tanto a me ensinar, pois meus pés ainda trilham terra barrenta, que tem tanto a se transformar.

A vida nos pede ânimo novo todos os dias. Precisamos ser farinhas do mesmo saco. Precisamos de quem nos ajude a lapidar nossas arestas e arredondar nossos cantos ou esquinas.

Bom mesmo é encontrar quem nos acolha. Quem tem tanto a oferecer e nos enxerga com olhos generosos. Quem nos abraça e convida a ser assim, simplesmente... Farinhas do mesmo saco...

O sal da terra

Um pouco atrasada, assisti ao documentário *O Sal da Terra*, dirigido pelo alemão Wim Wenders, sobre a trajetória do fotógrafo Sebastião Salgado. No trailer, a frase "Um fotógrafo é alguém que desenha com luz. Um homem que escreve e reescreve o mundo com luzes e sombras" antecipa o que o documentário quer captar: a sensibilidade ímpar do fotógrafo, que enxerga e decifra o todo conforme sua visão e sentimento do mundo.

Mais adiante ele diz: "Se você colocar vários fotógrafos num mesmo lugar, todos farão fotos muito diferentes, cada um desenvolve sua forma de ver de acordo com sua história".

E concluímos, junto a Salgado e Wenders, que nossa bagagem é muito mais vasta que aquela que refletimos. Nossa luz interior carrega mais nuances, matizes e contrastes que aquilo que simplesmente transparece em nossa face externa.

O documentário começa retratando a época em que Sebastião era economista e teve o primeiro contato com a câmera por meio de sua esposa, Lélia Wanick, arquiteta.

Deste momento em diante, decidiu arriscar-se em projetos grandiosos, que lhe custaram tempo e longos períodos de ausência longe dos filhos, Juliano e Rodrigo. Sebastião era visto por Juliano como um aventureiro, um tipo de super-herói, em vez de fotógrafo.

Trinta anos depois, ele finalmente acompanhou o pai numa missão. E relata: "Eu queria finalmente descobrir quem era aquele homem. O homem que eu conhecia somente como meu pai. Eu queria conhecer o fotógrafo e aventureiro pela primeira vez".

Talvez o que Juliano quisesse realmente descobrir era o que impulsionava seu pai. O que fazia aquele homem deixar tudo e partir rumo a terras distantes e mundos conflitantes.

O que ele possivelmente descobriria é que seu pai estava em busca de respostas. E procurava desvendar o que todos nós tentamos entender pelo menos uma vez na vida: como é possível existirem universos tão distintos numa mesma Terra? Como é possível encontrar um tanto de nossa humanidade dentro daqueles olhos famintos e profundamente vazios?

Confesso que por alguns momentos questionei a arte de Salgado ao retratar a miséria humana de forma tão nua, real e crua, como se esmiuçasse o sofrimento a ponto de perpetuá-lo em vez de redimi-lo. Minha angústia vinha do fato de que aquelas imagens um dia seriam parte de um livro de luxo, exposto em mesas de centro de residências de alto padrão, o que contrasta de forma cruel com a realidade das fotografias.

Porém, cabe a cada um de nós entender a função social da retratação da miséria, que cumpre seu papel quando deseja transmitir a empatia pela condição humana.

Após uma viagem pelo Nordeste, Sebastião percebe que o sofrimento o havia modificado.

Em 1984, parte para a Etiópia, onde trabalha junto à organização "Médicos sem fronteiras". Ali, por meio de seu olhar aguçado, quer mostrar que uma grande parte da humanidade estava sofrendo uma aflição imensa, em virtude mais de um problema de partilha do que simplesmente de desastres naturais. E reflete junto ao espectador: "Com a morte de cada pessoa, morre um pedaço de todos...".

De 1993 a 1999, trabalhou num projeto chamado "Exodus", sobre o deslocamento de populações, e esteve em Ruanda, onde ocorria o maior genocídio da história do país. Assim relata: "Quando eu saí dali eu estava doente. Meu corpo não tinha nenhuma doença infecciosa, mas minha alma estava doente... Eu saí de lá sem acreditar em mais nada. Sem acreditar na salvação da humanidade. Não se podia sobreviver a algo assim. Não merecíamos viver. Ninguém merecia viver".

E completa, numa profunda comoção (que nos atinge também): "Quantas vezes pus as câmeras no chão para chorar com o que eu via!".

Nesse ponto ele decide regressar para as terras onde viveu na infância, em Minas, e inicia um reflorestamento da região, que tinha sofrido um grande desmatamento ao longo dos anos. Assim, "a terra sarou o desespero de Sebastião. A alegria de ver as árvores crescerem e as fontes renascerem, tudo isso reacendeu sua vocação de fotógrafo".

A partir deste momento, ele decide iniciar um novo projeto, uma homenagem ao planeta intitulada Gênesis. "Uma visão mais otimista do planeta que, durante muito tempo, Sebastião tinha visto tão devastado e destruído".

Não sei se Juliano descobriu realmente o que impulsionava seu pai. Talvez o acompanhando em sua última jornada, rolando pelo chão com lentes e câmeras em punho para fotografar elefantes-marinhos em Galápagos, tenha descoberto o sopro que faz Sebastião arriscar a própria vida em busca do ângulo perfeito.

Descobrir o que nos move nesse mundo tão cheio de desafios é aceitar a contradição que cerca a condição humana; a mesma contradição que possibilita extrair arte de momentos de desesperança, vazio e horror.

Não há limites para nosso espírito. Ainda que o corpo padeça com o envelhecimento e o sofrimento, nossa história será reescrita inúmeras vezes por meio da luz que nos habita e do sal que tempera nossa existência.

A contradição torna-se presente a todo momento. Luz e sombra se intercalam, e só nos resta usar o contraste a nosso favor, como fez Sebastião.

E, no cerne de todo sofrimento, finalmente lembrar que nós somos o Sal da Terra. E, ainda que nossos olhos não vejam mais nada, é possível acreditar em alguma chance, ou simplesmente numa nova forma de liberdade...

Nem uma música

Tentei pensar numa única música que me lembrasse de você, mas descobri que a trilha sonora de nossa vida é vasta demais – das melodias do Palavra Cantada para crianças às batidas de David Guetta pra fase de corridas; da trilha de Saltimbancos a Coldplay, da canção de abertura de *Pokémon* ao pop rock dos anos 1990.

Também não temos um único longa, como os casais costumam ter. Gostaria de dizer que adoramos clássicos em preto e branco, ou que *Birdman* não sai do nosso DVD; mas a verdade é que nossas sessões de cinema ficaram reduzidas às animações da Disney Pixar, e a tevê lá de casa tem predileção por seriados com gente perdida em uma ilha. Gostamos de *O Segredo dos seus Olhos* e nos divertimos com *Lisbela e o Prisioneiro*, mas o que seria de nós sem os travesseiros que compartilhamos no tapete da sala ou das pipocas que se perderam nos vãos do sofá?

O amor é isso: um amontoado de afinidades que se alinham com gosto de café na cama e cheiro de bolo de laranja no fim de semana; melodia de Djavan declamando "meu bem-querer" enquanto a trilha dos Los Hermanos que você gravou no meu iPod não sai da minha cabeça; rumos de nossas vidas que se misturam na poeira do caminho e o registro da última viagem em que lhe apresentei a rua das férias de minha infância; mãos dadas na travessia de nossos ideais e a fase em que temos um filho, compramos uma casa ou trocamos o primeiro carro. A descoberta de que não temos uma única música em comum, mas aprendemos a comer sashimi juntos, manuseando o hashi com cuidado pra não dar bandeira da precariedade de nossos movimentos.

Tem gente que gosta de pão molhado no leite, outros preferem pizza fria no café da manhã. Com você aprendi a gostar de café amargo, canela em pó e vinho tinto no jantar. A usar protetor solar, tomar vitamina D e deixar de lado os pequenos dramas do dia a dia. A deixar-me ser conduzida numa dança de passos firmes e vagarosos, sem receio de cair e machucar. A confiar no tempo que alcançamos juntos, apesar de tudo que passamos juntos.

O amor precisa de tempo. De compassos longos e olhos amorosos. De recuperação rápida quando as mãos se soltam por impulso, fadiga ou mágoa passageira. De ventilação certeira quando os caminhos desembocam numa rua sem saída. De doçura quando a saliva amarga nossas certezas e nos convida a reagir de um novo jeito aos dias que virão.

Não temos uma única música, mas já tomamos chuva juntos numa tarde em Ubatuba e pisamos fundo nas poças d'água num impulso quase infantil. Perdoamos erros pequenos ou grandiosos e aprendemos que a recuperação do amor, que se transformou numa porcelana lascada, une mais que qualquer cadeado numa ponte em Paris. Não escolhemos um único filme, mas os vapores da cozinha onde você magicamente prepara a feijoada, o bacalhau e a moqueca contam mais histórias que *Tomates Verdes Fritos* e carregam mais sabor que *Como Água para Chocolate*.

Neste Dia dos Namorados queria lhe dedicar uma música e eleger um filme para chamar de "nosso". Mas sei que vamos esquecer nossos temas durante a reprise de *Um Lugar Chamado Notting Hill* e na deliciosa repetição da abertura de *Pokémon*, em japonês, nos nossos conhecidos trajetos diários.

Então fica a lembrança de momentos que são únicos para nós dois. A hora em que nosso pequeno dorme e descanso no seu braço mais um dia vencido. O sorriso com que me recebe todas as noites e me ajuda a tirar as bolsas do carro. A maneira como nos olhamos enquanto lhe ensino a baixar músicas na internet. O jeito como decidimos todos os dias a permanecer mais um dia.

Nem uma música. Todo amor do mundo. Nem um filme. Todos os desejos de que seja para sempre...

A alegria e a tristeza em *Divertida Mente*

Na época em que eu fazia terapia, um dos grandes trunfos de minha terapeuta foi me ensinar a nomear os sentimentos. Ao contrário do que havia aprendido em minha criação católica, descobri que era possível – e saudável – sentir raiva, tristeza e medo. Esses sentimentos eram tão importantes e legítimos quanto a alegria, a doçura e o encantamento perante a vida.

Sábado percebi, ao lado do marido e do menino de nove anos, que aos poucos deixa suas ilhas da infância para trás, que minha terapeuta tinha razão.

No cinema, assistindo à mais nova animação da Disney Pixar – *Divertida Mente* –, recordamos o quanto crescer pode ser doloroso, ainda que seja uma jornada com final feliz.

A exemplo de *Toy Story* e *Procurando Nemo*, a história da menina Riley, de onze anos, que vê sua vida virar do avesso após a mudança de cidade, encanta crianças – por dar cor e forma aos sentimentos – e adultos – por tratar o tema de forma leve, sem lhe tirar a profundidade.

Na animação, dentro do cérebro de Riley convivem várias emoções diferentes: Alegria, Nojinho, Medo, Raiva e Tristeza. A líder do grupo é a Alegria, que se esforça bastante para que a vida de Riley seja sempre feliz. Porém, nem tudo está sob seu controle, e quando ela é expulsa da sala de controle juntamente com a Tristeza, a vida da menina muda radicalmente, enquanto percebemos o papel de cada sentimento no controle de nossas vidas.

Um dos aspectos que mais me chamaram a atenção é a forma como o longa evita tornar a Tristeza uma vilã. Ao contrário, por mais que a Alegria se esforce para "levantar" a Tristeza, no final ela compreende sua importância, ou sua necessidade de existir junto às outras emoções.

E descobrimos que somos todos normais, até mesmo quando não conseguimos sorrir.

A alegria só existe por causa da tristeza. Os quintais abrigam histórias embaixo de goiabeiras que eventualmente viram seus frutos serem corroídos por bichinhos invasores a cada temporada; e os jardins são mais floridos por causa da chuva que caiu, varreu, partiu, floresceu. A menina amadurece quando não lhe cabem mais as saias da infância, e o menino desfaz seus barcos de papel quando descobre que a meninice ficou pequena demais para o tamanho de seus sonhos.

Sabemos da alegria porque um dia demos a mão à tristeza. Entendemos de satisfação depois de ter experimentado a frustração. Aprendemos a dar valor às coisas quando percebemos o buraco que a falta faz. Adquirimos coragem de abrir as janelas depois que algumas portas são fechadas; somos impelidos a reencontrar sentido na existência quando tudo em que acreditávamos muda de repente.

Entramos em contato com o sagrado que há em nós quando percebemos que a vida carece de respostas e definições. Não saberíamos da luz se não tivéssemos experimentado a escuridão. Percebemos o amor após superar a dor, e valorizamos o encontro depois de tanto desencontro.

Não sou uma pessoa triste, mas a tristeza tem espaço dentro de mim. Não a acolho gratuitamente, como faço com a alegria, mas respeito sua necessidade de emergir de tempos em tempos. Faz parte do que sou e do meu equilíbrio, embora não possa me definir. Sinto-a como um tempo de reflexão, uma estação que me permite desaguar em prantos secos ou úmidos, brandos ou muito intensos, mornos ou bastante gelados.

Divertida Mente termina com o trunfo da Tristeza, que acaba mostrando à Alegria que muito do que aconteceu de bom na vida de Riley foi porque ela se permitiu vivenciar a dor.

E descobrimos que parte de nossa sensibilidade e delicadeza vem da capacidade de nos emocionar, ou de nos sentirmos tocados bem no fundo da alma. Somente com a alegria isso seria impossível.

Há um quê de nostalgia e dor em toda poesia. E, embora guardadinha, é a tristeza que nos embeleza também, apaziguando nossa euforia, moldando nosso espírito, acrescentando uma ponta de doçura e esperança em cada lembrança.

Talvez ser feliz seja isso. Perceber que nem só de alegria é feita nossa alma. Permitir estar um pouco triste mesmo sendo muito feliz. Almejar serenidade mesmo quando a música se eleva e todas as luzes se acendem. Conciliar entusiasmo com fala mansa e passos suaves, na ponta dos pés.

Saber ser pingo de chuva quando o sol resseca a pele, e conseguir ser raio de sol quando a vida chuvisca na vidraça...

Devaneios e quimeras

Eu quis entender o inexplicável, sentir o que não faz sentido, dando nomes ao que é inominável em mim...

Descobri que sou feita de ausências, procura, encontros e incertezas.

Sou as palavras não ditas, a voz que cala quando quer gritar, as alegrias que permanecem além do tempo.

A despedida não assimilada, a dispensa que me fez forte. Sou a dor do abandono e a paz do encontro.

Tudo o que eu quis dizer, mas se calou em mim, por medo, prudência ou falta de oportunidade.

Sou a noite escura quando descobri seu segredo mais velado, a escolha que fiz a partir desse momento; sou a aceitação, a renúncia, a vocação.

Sou a decisão, nem sempre certa, nem sempre justa, mas que me define enfim.

Sou aquilo que renunciei, desprezei, omiti. Sou a falta que sinto daquilo que deixei, do que é vivo ainda que esquecido. A última chance, a hora desperdiçada.

Sou a inconstância, o querer e não querer, o grito contido, o ventre encarcerado pela vida inexplicável que me habita.

Sou a ferida que causei e que me despedaçou também.

Sou esperança, fé, sacralidade. Liberdade e cárcere, espírito e carne.

Desafio o amor, duvido de sua força, mas desejo ardentemente que me prove o contrário; que seja, além de tudo, o que me afasta do medo.

Desafio a morte desejando ser forte. Sou dura quando me sinto frágil e, se sondasse meu interior, saberia que minha rispidez denuncia minha dor.

Crio muros intransponíveis para me proteger do amor que sinto porque meu afeto é tanto que te afastaria de mim.

Sou sensível, doce, delicada; mas pouquíssimas vezes permito revelar-me assim.

Anseio por amor, alegrias, completude, mas, quando obtenho, nunca me basta. Sou mais completa na dor, no caos, na ferida aberta.

Sou o corte profundo que sangra e dá prazer, a dor aguda que fere e anestesia ao ser lembrada, as noites em claro, a ausência de sentido.

O olhar adocicado para o passado, o caminho percorrido na distração dos dias, o projeto pessoal realizado.

O descuido com meus desejos, a vida concretizada através do espelho. O medo de não pertencer; a inquietude de ser ímpar quando desejo ser par; a satisfação de ser sua.

O choro abafado no travesseiro; a felicidade palpável que não vai para o álbum de retratos...

O gosto salgado e agridoce, a pele úmida e o olhar de contemplação, feita de silêncio e sombras, fugaz, intensa e dúbia.

Sem argumentos nem defesas, indecifrável.

Feliz, completa e inteira no meu mistério.

Feita de perguntas, nunca respostas...

Déjà-vu

"Suponhamos que o tempo seja um círculo fechado sobre si mesmo. O mundo se repete, de forma precisa, infinitamente. Na maior parte dos casos, as pessoas não sabem que voltarão a viver suas vidas. Comerciantes não sabem que voltarão a fazer o mesmo negócio várias vezes. Políticos não sabem que gritarão na mesma tribuna um número infinito de vezes nos ciclos do tempo...

... No mundo em que o tempo é um círculo, cada aperto de mão, cada beijo, cada nascimento, cada palavra serão precisamente repetidos. Também o serão todos os momentos em que dois amigos deixarem de ser amigos, toda vez que uma família se dividir por causa de dinheiro, toda frase maldosa em uma discussão entre cônjuges, toda oportunidade negada por causa da inveja, toda promessa não cumprida.

E, assim como todas as coisas serão repetidas no futuro, todas as coisas que estão acontecendo agora aconteceram um milhão de vezes antes..."

O trecho acima, extraído do livro *Sonhos de Einstein*, de Alan Lightman, é um dos muitos que me encantaram enquanto lia as 103 páginas cheias de reflexões, filosofia e descobertas acerca do tempo.

Aprendemos desde muito cedo a medir a passagem do tempo por meio dos ponteiros do relógio. E não importa se parece que correram horas durante a expectativa por aquele encontro, ou se durou um segundo o tempo daquela festa. Estamos sempre presos à consciência do tempo mecânico, ao que ele representa, ao que ele conta.

Mesmo assim, qualquer um já experimentou a sensação de não ter visto o tempo passar estando ao lado do grande amor, ou de ter sentido a eternidade se aproximar durante o período daquela ausência.

No dia 27 de março de 2006, deitada na maca que me levaria à sala de parto, despedia-me de minha mãe, enquanto seus olhos orvalhados não deixavam dúvidas quanto à intensidade de suas memórias – as mesmas que fundiam meu nascimento ao momento em que eu mesma daria à luz. Mais tarde ela contou que, enquanto me dava a mão e se despedia comovida, veio à tona a lembrança da menina que ela tentava fazer sorrir para o primeiro pôster, a formatura na pré-escola, os cuidados que a menina dedicava à primeira e única boneca, a entrada na faculdade, o primeiro namoro, as decepções, o casamento, o parto. Naquele instante mágico o tempo era um só, reunindo diversas dimensões enquanto a maca se afastava e prometia o começo de um novo Tempo.

E se o tempo mecânico ou cronológico não existisse? E se tudo o que entendemos como realidade fosse apenas a percepção parcial do que realmente acontece? E se passado e futuro ocorressem simultaneamente, mesmo que a gente só tenha consciência do presente?

Embora essa conversa tenha ares de ficção, e se pareça mais com o seriado *Lost* que qualquer outra coisa, ainda assim me entusiasma saber que a física teria hipóteses semelhantes para explicar o tempo e suas dimensões.

Indo mais além, poderia afirmar que as possibilidades de nossas vidas poderiam ocorrer simultaneamente, cada qual com seu desfecho, em três futuros distintos. Assim, se imaginamos que uma escolha determinou a versão da história que vivemos hoje, podemos estar enganados ao imaginar que somente essa realidade ocorreu de fato. E se outros dois destinos, determinados por escolhas totalmente opostas, estiverem ocorrendo simultaneamente, em algum lugar do tempo?

Essa teoria não é minha, que fique claro. É parte do livro que citei, e me fez refletir bastante. Pois, mesmo que seja loucura tentar explicar – ou justificar – a inconstância de nossas ações e emoções por meio de vidas paralelas que acontecem num outro nível do tempo, ainda assim podemos perguntar: De todas as versões possíveis de sua história, qual é a que lhe faria mais feliz? É esta que você escolheu viver hoje?

Enquanto agradeço a Deus por estar exatamente onde estou, penso que a vida é um constante *déjà-vu*, uma repetição de eventos e sensações que se separam e se fundem infinitamente.

Tudo se junta e mistura. Meus nove anos, fazendo bolo de barro e catando girino no riacho, e os nove de Bernardo, com suas espadas e dinossauros. Minha mãe aos quarenta, de maiô preto tomando sol em Torres, e meus quarenta: a primeira mamografia e a capacidade de sentir-me à vontade dentro de minha pele. Minha mãe beirando os setenta, cantando Jota Quest no coral do clube, enfatizando o refrão "pra onde tenha sol, é pra lá que eu vou"... e meus setenta, que num piscar de olhos por Deus chegarão, aproximando e fundindo a realidade dos nove, quarenta, setenta e noventa.

"Uma vida é um momento em uma estação. Uma vida é uma precipitação de neve. Uma vida é um dia de outono. Uma vida é uma delicada faixa de luz sendo rapidamente devorada pela penumbra quando se fecha uma porta. Uma vida é um fugaz movimento de braços e pernas."

Assim diz uma sequência de *Sonhos de Einstein*, assim a vida é. Um instante, uma fusão de momentos, uma faísca no interlúdio de nós mesmos.

E descubro que carrego em mim o que fui e o que serei. As piruetas que dei e as rugas que terei. Os desejos que ansiei e os movimentos que realizarei. O que semeei e o que ainda colherei. As músicas que ouvi e as letras que ainda não decorei. As histórias que vivi e os enredos que ainda escreverei. Os amores que deixei, e os que nunca esquecerei...

É sempre o agora

Alguns enredos comovem pela simplicidade. Por andarem lado a lado com a existência, dando significado àquilo que poderia ser retratado como um acontecimento banal. Por falar de nós a nós mesmos, decifrando com sensibilidade o que vivemos e sentimos rotineiramente, traduzindo em sons e imagens aquilo de que é feita a vida – uma sequência de acertos, desacertos e desafios que experimentamos diariamente –, modulados pela inexorável passagem do tempo.

Um pouco atrasada, assisti ao filme *Boyhood – Da Infância à Juventude* durante o Carnaval. Não falaria do filme aqui se não tivesse sido completamente arrebatada por sua simplicidade. E, apesar das inúmeras publicações, resenhas e críticas ao filme, ainda assim senti-me impulsionada a deixar minha impressão.

Qualquer história carrega um pouco de nós. E *Boyhood* faz isso de forma primorosa, ao permitir-nos revisitar um pouco do que fomos e do que vivemos enquanto o tempo passava e simplesmente crescíamos.

Boyhood é um filme sensível, para pessoas sensíveis. Não é para ser assistido esperando grandes feitos, além da constatação de que o tempo está moldando cada um dos atores e personagens externa e internamente, como acontece conosco, em nossas vidas.

Talvez seja esse o legado que Linklater, diretor e roteirista do longa, queira deixar: o de que a vida é sim uma sequência de pequenos gestos e narrativas que, juntos, formam um mosaico, ao mesmo tempo comum e fascinante.

Estamos habituados a esperar demais da vida, e nesse sentido *Boyhood* pode ser facilmente descartado por não revelar além de nós mesmos e de nossos conflitos tão rotineiros.

Mas então descobrimos, com Linklater e seus personagens, que a magia não está no fundo do oceano ou no topo de uma montanha. A magia está naquilo que vivenciamos e superamos a cada dia, nos recomeços, nas despedidas, nos encontros e reencontros.

Na simplicidade do diálogo do menino de seis anos com a mãe:

"– Adivinha, mãe. Descobri de onde vêm as moscas.
– É? De onde?
– Bem, acho que deve ser... Se você colocar uma minhoca ali, no lugar certo, vai virar uma mosca.
– Que legal..."

No desabafo cheio de nostalgia da mãe, ao constatar que seu menino cresceu: "Só achei que haveria mais...".

Na constatação de Mason, agora já crescido, de que o importante é aproveitar o momento: "Eu sei, é... é constante. Os momentos são... parece que sempre é o agora, sabe?".

E descobrimos que, apesar de a história ser familiar, saímos dela modificados. Não por simplesmente dar forma à nossa trajetória, mas por garantir que nossas angústias são universais.

Percebemos, então, que não estamos nem estivemos sozinhos quando o casamento acabou, quando o corte de cabelo no ensino fundamental nos envergonhou, quando o primeiro amor não vingou, quando morremos de raiva ou medo, quando tivemos aquela conversa séria, quando nos despedimos, quando nos sentimos especiais, quando duvidamos, quando tivemos certeza.

Principalmente, quando achamos que "haveria mais", e descobrimos admirados que a vida "é sempre o agora".

De onde vem a calma

Minhas férias vêm chegando e ando um turbilhão por dentro. Não pela proximidade de meus dias de paz, mas pelo acúmulo de obrigações e malabarismos que junho trouxe.

É meu filho quem me lembra de que preciso me acalmar. Com suas mãozinhas subindo e descendo à frente do corpo, repete seu mantra num sussurro: "Acaaalma... acaaalma...", e paro o que estou fazendo num impulso rápido, para prestar atenção à minha respiração e finalmente me acalmar, inspirando e falando devagar; expirando e dizendo as palavras um tom mais baixo; inspirando e agindo como uma criatura normal.

É comum sentir-me culpada depois de agir apressadamente, prestando atenção a tudo e nada ao mesmo tempo. A sensação que vem depois é a de vazio e arrependimento. "A vida é tão curta... logo ele cresce e esses momentos serão só lembranças...", ou sua variante: "a vida passa tão depressa... aproveita enquanto tem saúde..."; ou, indo mais além: "a vida é tão breve, seus pais não são eternos...".

O fato é que preciso de calma. Preciso desta mercadoria rara que não se vende em farmácias nem está disponível em qualquer site descolado. Mais do que o precioso tempo, preciso reaprender a me acalmar.

A gente usa muito pano pra pouca manga, como diz o ditado. Faz tempestade num copo d'água pra chover no molhado e depois descobrir que entrou pelo cano por ser tão fogo de palha.

Brincadeiras à parte, a verdade é que dramatizamos demais. Passamos muito tempo desperdiçando energia e esquecemos que calma rima com Alma. Combina com esquecimento, reabastecimento, afrouxamento, alheamento.

Faz bem para a alma. Estar alheio ao buzinaço que acontece dentro ou fora de nós, nadando contra a correnteza de toda tralha sem utilidade que amontoamos sem mesmo saber por quê. Esquecemos que a alma também precisa de calma. Pausa e reflexão. Serenidade e faxina.

Fazer faxina na alma vai além de limpar territórios escondidos ou organizar emoções em prateleiras cobertas com papel contact. É amarrar um laço de seda na construção de nossa paz e descartar tanta preocupação irrelevante, irreal ou carregada de culpa inútil que costumamos remoer naquelas horas em que não podemos mais adiar o encontro com nós mesmos.

Nas horas mais silenciosas, em que as luzes se apagam e não há barulho na casa, a goteira da perturbação encontra uma fresta no assoalho de meus pensamentos. E, por mais que deseje um tanto de calmaria, ela pinga culpa e desassossego. Tenho tentado virar o jogo. Não pode haver condenações ao assumirmos nossa espontaneidade ou agirmos com autenticidade.

A armadilha da perfeição nos alcança e tira a paz. Querendo dar conta de tudo sem sair da linha, nos empurramos barranco abaixo, passando a carroça na frente dos bois.

É preciso tempo para construir uma existência de paz. Sem conflitos entre o Dever e o Poder; sem desavenças entre o Desejar e o Conseguir; sem brigas entre o Quero e o Posso alcançar.

Devagar e em frente, respirando e esvaziando, aceitando e permitindo, dando real valor a cada coisa no seu lugar. Percebendo, acima de tudo, que a maturidade tem o dom de trazer calmaria, e a tranquilidade vem do respeito por nossa natureza, deixando de tentar ser Superpessoas, e aceitando nossos limites, nosso tempo, nossa paz.

Que o período de férias seja um tempo bom para acolhermos quem nos tornamos de fato – a pessoa por trás do avental branco ou uniforme de trabalho; o alguém que não tem que bater o ponto nem provar seu talento a todo momento; a pessoa que carregamos por baixo da superfície, e que precisa ser cuidada e valorizada de tempos em tempos.

Que eu não precise de meu filho repetindo a todo momento que preciso me acalmar. Que seu mantra não seja o alerta máximo para que eu preste atenção à melhor fase da minha vida.

Para que o tempo não passe sem que eu me dê conta.

Para que a gente descubra "de onde vem a calma" e, ao contrário do que diz a música, "aprenda a ser melhor, viu?".

Estar lá

Numa época distante, eu achava que "prova de amor" era um termo usado para definir grandes feitos, como ajoelhar-se no meio da rua na madrugada ou encomendar uma faixa com declarações de amor copiadas de versos do Vinicius. De fato vivi algumas situações parecidas na adolescência e guardo com carinho esses momentos de pura paixonite juvenil.

Mas o tempo passa. Ah... como passa... E, muito mais que esperar provas de amor intempestivas, descobrimos que amor de fato é estar lá.

Esta semana teria que fazer um exame de saúde e durante o preparo passei muito mal. No banheiro, me contorcendo de dor e agarrada à calça de moletom do meu marido, não conseguia pensar em mais nada. Porém, horas depois, constatei admirada que aquela tinha sido uma grande prova de amor. Segurando meu cabelo, enquanto eu vomitava vezes seguidas, aquele homem participava de minha agonia numa parceria tão amorosa, simples e verdadeira, que, apesar do excesso de intimidade, me mostrou que estará comigo até nos momentos em que o cenário se restringir ao chão frio e inóspito, e a paredes cor gelo nada acolhedoras.

Não havia nada de romântico entre aquelas toalhas felpudas e escovas de dente coloridas. Mas ele estava lá. Preocupado, segurando forte minha mão – e meu cabelo –, garantindo que logo eu estaria bem.

Descobrir que existe alguém que está lá nas horas mais difíceis e necessárias, ou nos momentos mais intensos e felizes, é o que faz esse alguém ser tão especial ou um grande amor.

Lembro-me de que uma amiga querida me contou que, quando perdeu a mãe, seu marido era quem mais chorava. Aquilo lhe comoveu tanto a ponto de ela não saber quem ali deveria consolar quem. Inexplicavelmente, o choro dele foi o estar lá com ela. Sentir a dor que ela sentia e partilhar de sua angústia tinha sido mais que uma prova, tinha sido o amor em si.

Estar lá é ser mão que entrelaça seus dedos aos nossos, desmanchando os nós, afrouxando as defesas, apaziguando as imprevisibilidades.

Estar lá é amparar dúvidas, dissecar incertezas, afugentar medos.

É segurar a barra quando a vida pesa além da conta, e não baixar a guarda quando a imperfeição dos dias faz morada no vitral de nossa paisagem.

Estar lá é correr para ver o céu se colorir de vermelho no fim do dia e não se esquecer de partilhar a novidade com quem ama, nem que seja a distância, somando e dividindo a alegria.

É absorver a felicidade inteira, para depois dividi-la em pedaços generosos, descobrindo que só assim restará beleza e euforia.

Estar lá é entender que a vida não é uniforme, ela é repetitiva; e, se estivemos presentes num momento importante, o estaremos sempre, e sempre, e sempre, de uma forma ou de outra.

Estar lá é nunca ser ausência que dói, que machuca, que vira lembrança e depois ressentimento. É entender que é necessário fazer-se presente, mesmo que de uma forma invisível, mas, ainda assim, viva.

É aprender a conduzir uma dança que só pode ser dançada a dois, relevando a falta de jeito de quem tenta, ou ao menos se esforça pra ser o melhor enquanto está lá.

Estar lá é ser capaz de perdoar, colocando uma pedra em cima de certas instabilidades e dissonâncias, desenvolvendo a paciência e a tolerância de quem apenas quer estar lá...

Ao constatarmos que estar lá é mais importante que dar provas de nosso afeto, descobrimos que nossa história real está longe de ser comparada aos enredos românticos ou clássicos de livros e filmes.

Esperamos demais da vida e do amor, e nos esquecemos de que só precisamos contar com alguém de verdade.

Alguém que de alguma forma esteja lá...

Carta à introspectiva que me habita

Hoje eu queria falar com você. Sim, você, que me olha por trás da porta e prefere a luz do abajur ao lustre da sala de jantar. Você, que coleciona leituras e grifa livros para revisitá-los quando bem desejar. Você, que queria ser notada na adolescência, mas sentia-se mais inadequada que capaz. Você, que é o oposto daquela que ousou escrever alguns textos num blog; aquela que hoje divulga mais da sua vida do que você seria capaz de aguentar. Você, que de noite sai de seu esconderijo e vem me (se) recriminar por andar tão íntima da vida.

Sabe, gosto do seu jeito. Entendo sua necessidade de reclusão e quietude. Seu anseio por fechar-se em seu mundo, onde arquiteta a vida e organiza os sonhos. Mas de vez em quando você se pune demais. Engasga na frente de um conhecido que vem lhe dizer que gostou da última postagem e tenta se desculpar por ser tão cara de pau, capaz de inventar enredos numa rede social.

Temos que nos respeitar mais. Sim, nós duas. Nossa convivência já teve períodos bons, como quando você me fechou por um tempo, estudando com afinco para o vestibular (quando enfim entramos na faculdade, aí sim você me deixou aflorar). Fui mais livre que as asas da borboleta e não houve uma única noite em que me condenou por ser tão feliz. Mas então veio a formatura, o fim daquele namoro sério, a vida se enchendo de cimento e cal. Endurecemos juntas e, perdão pelo trocadilho, aprendemos o quanto doeram nossas juntas. Você veio à tona com uma ferocidade aguda, tentando encontrar um rumo para nossas vidas que agora tamborilavam fora do prumo. Com o tempo a vida se reorganizou, e pude encher meu peito de festa novamente. Veio a fase de casar, ter filho, apaziguar o coração. Mas a gente não controla tudo. Aliás, temos controle sobre muito pouco. E, por mais que imaginemos que nossa vida anda nos trilhos, de vez em quando pequenos abalos nos permitem enxergar melhor o que vai dentro de nós e nem tivemos a ousadia e delicadeza de perceber.

Algumas curvas são necessárias e turbulências fazem parte de voos rotineiros. Não devem ser encaradas como tormentas, apenas gatilhos para uma existência mais equilibrada.

É você, minha introspecção, que me dá chão. Que me permite olhar para os problemas e, com calma, acreditar que há uma solução. Que me resguarda dos riscos supérfluos e ensina que a vida é feita de ciclos necessários. Que me autoriza a estar quieta mesmo quando a existência grita pedindo alguma resposta. Que ampara minha individualidade no meio de tanta gente padronizada e clonada.

E descubro agora que preciso lhe respeitar mais. A aceitar esse lado que me habita com serenidade, sem negá-lo ou tentar transformá-lo em algo novo ou diferente. Foi assim desde o princípio, lembra? Somos a menina que, na formatura da pré-escola, segurou a letra "X" e ouviu da professora: "Já que ela não fala, fica com a letra X. Não há frases com esta letra...". A professora não sabia, mas a menina tímida e introspectiva não era só isso; e, principalmente, não tinha somente sua quietude a oferecer.

Ainda assim, preciso que se perdoe por não ser tão expansivamente atraente. Por não adotar a extroversão como o método de conquista mais aceito, e, portanto, mais fácil. Por buscar sua autenticidade mesmo que isso custe alguns momentos de desconfortável silêncio. Somos duas, e minha pressa de ser feliz negocia com seu tempo de ser simples e aproveitar o momento.

Nos completamos enfim. E agora abro a porta e lhe convido a ficar. Diminuo a luz, e juntas brindamos à vida com aquele vinho de que você tanto gosta. Já não cabem mais julgamentos ou regras para nossa convivência.

Vamos desarmar nossas defesas, insistir em nossa leveza, somar delicadezas. Descobriremos afinidades, desejos de simplicidade, desapego de superficialidades. Falaremos do tempo que restaura, das novas alegrias, daquilo que hoje faz nossa pele arrepiar e o coração acelerar. Não haverá mais espaço para os pequenos percalços, granizos diminutos de nossas tempestades passadas. Acima de tudo, seremos tolerantes ao silêncio que nos habita. O silêncio que fala de esperança e lucidez. O silêncio que acalma e conforta.

O silêncio que um dia você me segredou que também é parte do tecido de que somos feitos. O silêncio que só precisamos ser, permitir e sentir... Bem-vinda!

Se o tempo voltasse

Existe um ditado que diz: "O que não tem remédio remediado está". Essa frase serve tanto pra gente se conformar com a realidade (que nem sempre é a que desejamos) quanto para entendermos que o tempo não volta, que o que aconteceu não deixará de acontecer, e que arrependimentos ajudam a construir uma existência mais certeira daqui pra frente.

Alguns acontecimentos nos colocam em xeque-mate e, enquanto puxamos o freio de mão da vida que corre acelerada, é possível que questionemos o destino final com o descuido próprio dos viajantes sem direção.

De vez em quando revemos nossas vidas e paramos para pensar nas escolhas que fizemos até o momento. Fica sempre a pergunta: Se o tempo voltasse, eu faria outras escolhas? Teria tomado outro caminho? Ou será que, como disse Mia Couto. "não somos donos, mas simples convidados"?

Será que os desfechos de nossas histórias almejam um destino pré-traçado, ou são escritos conforme a caligrafia das escolhas que fazemos e que poderíamos não ter feito?

O que sei é que só podemos nos arrepender do amor que não demos, de que forma for. E, mesmo lamentando uma situação presente, ela também é fruto da imperfeição dos dias, e não somente de escolhas malfeitas.

De vez em quando somos tentados a achar que, se o tempo voltasse, estaríamos mais felizes e realizados. Mas será que teríamos adquirido a sabedoria que temos hoje sem errar? Sem tropeçar nesse terreno arenoso e improvável que é a vida? Tombos e deslizes fazem parte do processo, aprender a levantar e seguir adiante tentando superar as cicatrizes, também. Lamentar o desfecho de nossas escolhas nos tira do papel de protagonistas de nossa história, e nos arremessa a um lugar secundário, como coautores da vida que representamos.

Amadurecer é tomar as rédeas da própria existência; é ser protagonista dos bons e maus momentos, acreditando firmemente que, já que o tempo não volta, só podemos construir uma existência de paz aprendendo a lidar com o que temos pra hoje.

Por mais doloroso que seja o presente, ele é o nosso fato concreto. E aceitá-lo sem dívidas é a melhor maneira de nos sentirmos realizados. Sem pensar na possibilidade de sermos mais felizes em outro lugar senão no nosso. Sem cogitar a esperança de dias melhores a partir de um passado que não tem mais volta. Sem imaginar nossa vida com outros perfumes senão o aroma do presente.

É comum pensarmos: "Nessa altura da vida"... "Se o tempo voltasse, eu teria seguido por esse caminho, mas o tempo passou e eu não fiz o que queria ter feito...". Desconhecemos a lógica de que o presente está mais perto do que imaginamos, ao alcance de nossas mãos. E é só com ele que podemos contar.

Minha avó tem 87 anos e se matriculou num curso de computação. Sigo me inspirando em sua cartilha de otimismo e determinação. No seu pensamento jovem, apesar das raízes brancas que denunciam os anos corridos. Na sua coragem de olhar para a frente, lidando com a própria vida com o entusiasmo dos que não se curvam para trás nem lamentam o que aconteceu. Na sua liberdade de construir a pessoa que deseja ser, sem sabotar o desejo de suas asas, nem podar o que existe de mais belo dentro de si.

Se o tempo voltasse, talvez me machucasse menos. Mas minha falta de cicatrizes não ajudaria a valorizar o momento presente com sabedoria, entendendo que só depois de sermos derrubados, podemos descobrir de fato que fomos ensinados...

Fugidinhas

De vez em quando escapo da atmosfera da própria vida. Fujo sorrateira para tempos em que já estive ou ouso inventar. De vez em quando sumo da minha realidade para viver outros mundos.

Parece loucura, mas faz parte do processo de existir permitir que fantasias se somem à nossa realidade como parte do que somos também. Talvez isso nos torne pessoas menos enrijecidas, mais suaves e felizes.

Alguns dias são mais puxados que outros. Aquela segunda-feira, que desperta amarga e confirma que a semana não trará ventos de simplicidade, também pode ser invadida, se você permitir, por pensamentos soltos, sonhos de felicidade, desejos de superficialidade.

Eu preciso pensar no oceano azul-esverdeado das últimas férias enquanto instrumento o canal atrésico do meu paciente – é a única forma de não perder o bom humor diante da árdua tarefa que tenho à minha frente.

Também gosto de saber da fofoca envolvendo Ben Affleck, a babá e Tom Brady; porque, de alguma forma que não sei dizer, isso me ajuda a esquecer um pouco que o Brasil vai mal das pernas, que o Real está cada dia pior, e que a inflação bate à nossa porta com vontade de ficar.

Preciso de um pouco de superficialidade; de descobrir que formato de sobrancelha fica bem num rosto como o meu, ou que tom de base é perfeito para minha pele. Por mais fútil que pareça, essas fugidinhas me ajudam a enfrentar a noção de que o mundo é um lugar injusto, de que milhões de pessoas passam fome, de que muita gente acorda antes das quatro da manhã para ir trabalhar, de que sou impotente perante a maioria das misérias do mundo.

É preciso dar uma fugidinha de vez em quando. Respirar fundo e mergulhar na alegria que carregamos em pequenas frações dentro de nós. Abrir um a um os diminutos frascos de boas lembranças e permitir que eles exalem calmaria e bem-estar na realidade que vivemos. Realidade nem sempre fácil de experimentar e assimilar.

De vez em quando tudo o que a gente quer é pensar num sapato novo, numa bolsa bacana, numa unha pintada de vermelho-Gabriela. São nossas fugidinhas corriqueiras, pequenos agradinhos à alma e ao pensamento.

Meu local de trabalho não é um lugar solar. É sombrio, tem os corredores abarrotados de gente carente e doente, com deficiências no corpo e na alma; as paredes são frias e a beleza, escassa. Para não pirar, aprendi a me resguardar desviando o foco. Quem sabe ouvindo a música do Marcelo Jeneci, "Temporal", cuja melodia me deixa instantaneamente feliz; talvez escrevendo entre um paciente e outro; eventualmente fazendo uma leitura rápida na internet. São pequenices que ajudam a apaziguar a visão da fragilidade humana e amenizar a impotência diante do sofrimento alheio.

Como eu disse, Marcelo Jeneci e seu "Temporal" têm feito meus dias mais felizes. A melodia é doce, e a letra diz assim:

> *O que tem começo, tem meio e fim*
> *Deixa passar o dia ruim*
> *Que a tempestade resolve com Deus...*

Talvez seja isso. Acreditar que, mesmo que nem todo dia seja bom, ele passa. Passa e leva embora os tropeços, as sensações ruins, as faltas e falhas. Passa e nos ensina a buscar soluções para superar o que não pode ser modificado, aceitar o que não pode ser consertado, acolher o que não consegue ser remediado. Passa e nos mostra como seguir em frente deixando o pensamento fluir nos momentos em que a vida fica difícil de digerir...

Café com amor

No Centro de Saúde onde trabalho, as pessoas começaram a sentir diferença no gosto do café. Antes ele vinha rançoso, azedo, mal passado, mal digerido. Com as férias da funcionária responsável pelo café, ele passou a vir gostoso, no ponto certo entre forte e não tão forte, quentinho, saboroso.

Conversando na cozinha sobre o novo sabor do cafezinho de todas as tardes, alguém cogitou a hipótese: "O café dela é ruim porque faz com raiva".

Embora haja controvérsias, há razão nisso. Porque não há café coado no mundo que carregue sabor se não houver amor.

As coisas aspiram uma existência afetuosa, e somos os responsáveis por deixar o mundo com mais amor.

É comum dizermos que algo "não desce". Aquele café não desce, aquela pessoa não desce, aquela comida não desce, aquele trabalho não desce. Talvez o ingrediente sobressalente em tudo isso seja a raiva. Talvez falte amor. O amor que vem da capacidade de nos entregarmos e gostarmos de cada gesto que fazemos, cada realização de nosso pensamento e de nossas mãos.

Depois do episódio do café passei a rever certas ações do meu dia. Ao entrar no Centro de Saúde, entro com amor? Ou já entro cansada, mal-humorada, desanimada? Ao abrir a porta do consultório e começar a atender o paciente, faço com amor? Ou tenho pressa, desgosto, falta de vontade? Ao dirigir de volta para casa, retorno com amor? Ou volto cansada, apressada, sem paciência com o motorista à minha frente? Buscando meu filho na escola, busco com amor? Ou busco como um ato mecânico, rotineiro, banal? Entrando em casa, entro com amor? Ou chego reclamando do meu dia, irritadiça com as lições de casa do meu menino, cansada com tantos afazeres numa única semana? Janto prestando atenção aos sabores do meu prato e ao aroma do meu vinho ou cumpro apenas uma necessidade de existir, passando apressada pelos ingredientes de minha refeição enquanto confiro os vídeos do WhatsApp? Olho nos olhos do meu marido enquanto ele fala ou apenas murmuro reclamações sobre minha segunda--feira infernal?

Viver uma vida que "não desce" é distanciar-se do amor que envolve todas as coisas. É deixar o desânimo e a raiva serem os fios condutores de nossa existência.

Confesso que por diversas vezes me vi seguindo o roteiro tortuoso de minhas realizações. Trabalhando sem amor e seguindo meu caminho com a força da rotina massacrante que permiti me conduzir. Ligando o piloto automático e realizando tudo sem a devida reverência.

Mas o caminho para a mudança vem da consciência. E perceber nossas ações sem o tempero do amor é o primeiro passo para a transformação, quem sabe convertendo a desarmonia em alegria. Tenho parado para pensar desde então. Sabendo que o gosto do café se altera com a raiva, e que posso mudar meu entorno com mais tolerância e amor, só posso desejar mais doçura em minha vida com base em meu modelo, em minhas atitudes e pensamentos.

O mundo da gente começa a mudar pela gente. Não adianta desejar um café gostoso se em nossa vida falta encontrar o ponto certo. Não adianta almejar o feijão de caldo consistente e tempero na medida se no decorrer dos dias não nos alegramos com o que há. De nada adianta o querer se não amamos o que temos.

Nem sempre trabalhamos naquilo que amamos, mas buscar satisfação nos pequenos gestos, ainda que seja um exercício difícil, é a receita para sermos mais gentis com nossa pele. Maltratamos a nós mesmos quando não ofertamos nosso melhor. E o saldo é sempre negativo: baixa imunidade, tristeza e raiva.

Que nossa receita seja simples: coloque amor em tudo. As coisas tendem a retornar do mesmo jeito que partiram, e aí quem sabe a gente aprenda a ser mais feliz também, descobrindo que aquele cafezinho bem passado foi o gesto de um amor que floresceu primeiro em nós, fazendo bem ao nosso pensamento e vontade, e depois se espalhou por aí, feito cheirinho de café – com amor – coado na hora...

"O problema não é crescer, mas esquecer..."

Tomei a frase-título emprestada do filme *O Pequeno Príncipe*. A nova animação, dirigida por Mark Osborne, faz uma emocionante releitura do clássico de Saint-Exupéry e nos abraça com a história de amizade entre o aviador e uma menina, para quem ele conta a história do principezinho, repleta de ensinamentos em forma de poesia.

É para a menina que o aviador fala: "O problema não é crescer, mas esquecer". E entendemos que ele tem razão, ao constatarmos que o amadurecimento impõe despedidas, e nesse processo muitas vezes esquecemos quem fomos e os vínculos que construímos no decorrer do caminho. Como o principezinho, cativamos e fomos cativados ao longo da vida, mas muitas vezes preferimos esquecer para poder crescer.

No último fim de semana, comemorando o aniversário de quarenta anos do meu irmão, me comovi diante do painel que reunia mais de trezentas fotos de sua vida, do momento do nascimento, passando pela infância e adolescência (em que fomos muito mais que irmãos), e finalmente chegando à vida adulta, celebrada em fotos com sua esposa e os dois filhos. Embalados pelo clima de nostalgia da festa – muitos parentes e amigos de longa data estavam presentes –, recordei histórias antigas, elos fortes que construímos nos primeiros anos, e nos abraçamos num gesto emocionado.

Fazia tempo que não me permitia estar assim. Fazia tempo que não era para meu irmão a irmã que um dia eu fui. Fazia tempo que eu não me lembrava.

Recordar certas histórias nos traz de volta. Aproxima e aquece. Não permite que fragmentos do que fomos se percam pelo caminho nem fiquem renegados a um canto abandonado de nossa existência.

E vamos descobrindo que precisamos nos despedir para crescer, mas nunca nos esquecer daquilo que um dia fez parte do que fomos, a matéria-prima de tudo o que nos tornamos.

Recordar nossos amigos, nossa família-base, nossos afetos e tudo o que envolveu esses encontros é aprender a conciliar dois mundos – o presente e o passado – e fazer deles uma construção nova, que nos torna pessoas melhores e mais afetuosas.

Dizem que não devemos mexer em certas dores. Mas é remexendo antigos baús que podemos esclarecer e decodificar o presente de uma forma mais amorosa com nós mesmos.

Meu irmão e eu crescemos, e nosso distanciamento natural, provocado pelas novas famílias que formamos, foi momentaneamente quebrado naquela tarde de seu aniversário. Naquele momento, comovida pelo mural de fotos, me lembrei do tempo em que éramos crianças, e quebramos o gelo com nossa lembrança. Com a possibilidade de resgatar quem fomos agarrando-nos às nossas memórias.

"O problema não é crescer, mas esquecer." Que a gente aprenda a buscar nossa afetividade no presente, mas também no tempo que deixamos pra trás. Que possamos nos lembrar de como era bom ter amigos no portão e ouvir a mãe chamando para o jantar. Que recordemos antigos aromas, como o da chuva numa tarde de maio e do bolo com café numa reunião de família. Que não esqueçamos antigos sons, como a voz da avó cantando "Se alguém te convidar pra tomar banho em Paquetá, pra piquenique na Barra da Tijuca ou pra fazer um programa no Joá...", e os irmãos torcendo para o time campeão. E que, inesperadamente, possamos resgatar essas lembranças e nos comover como havia tempos não fazíamos.

E descobrir, finalmente, que não estamos sozinhos. Ao contrário, nossos dias estão povoados com aquilo que deixamos, com o que partiu, com o que aparentemente não existe mais...

Tente outra vez

Seu Vitório, jardineiro do meu condomínio, tem os olhos bondosos que denunciam uma alma nobre. É simples, de gestos contidos e fala humilde. Aparenta estar próximo dos setenta anos, e trabalha com uma resignação rara. Hoje pela manhã, diante da ventania que arrastava folhas secas por todo canto, mexi com ele: "O vento tá te dando trabalho, hein, seu Vitório! Vai tirar as folhas hoje e amanhã estarão todas aí de novo?". Ao que ele respondeu: "Tenho que tirar. Ontem tinha deixado tudo limpinho, e olha como está hoje. A gente não pode parar...".

Ele continuou seu trabalho, eu segui meu caminho. Mas fui pensando no gesto de seu Vitório. Todos os dias, sob o sol forte ou chuva fina, ele trabalha cuidando de nossos jardins. Todos os dias, com ou sem ventania, remove as folhas secas do gramado e de nossas garagens. Sabe que terá que repetir – o vento é uma criatura persistente –, mas não desanima enquanto refaz o serviço diariamente.

Talvez ele se ressinta de trabalhar em vão. Talvez – e eu torço para isso – ele perceba que seu gesto tem valor, mesmo que o vento estrague tudo outra vez.

Talvez nos ressintamos de viver todos os dias a mesma rotina, para começar tudo de novo no dia seguinte. Mas pode ser que aprendamos que tentar outra vez é um gesto corajoso, que nos impulsiona a viver, pé ante pé, as aventuras e desventuras da existência.

Ventos súbitos podem sujar nossos canteiros com folhas secas de vez em quando. Em vez de reclamar do sopro do vento e nos indignar com a sujeira deixada, o ideal seria pegar nossas vassouras e simplesmente varrer. Não ficar esperando parar de ventar em nossa vida, ou que um milagre venha tirar de nosso caminho o que não convém. A exemplo do jardineiro que se conforma com o mesmo trabalho todos os dias, podemos aprender a lidar com a imperfeição das horas com ânimo novo, nem que isso nos custe algum esforço ou sacrifício.

A vida não está nem aí para o que você considera certo. Assim como as estações mudam, nosso dia pode se modificar num segundo, enquanto nos apegamos ao que julgamos ser o melhor para nós.

Aprender a encontrar conforto na possibilidade é um exercício que tem que ser praticado exaustivamente, até que encontremos sentido naquilo que fazemos ou somos impelidos a acatar.

O amor não deu certo? Tente de outro jeito, pode ser a oportunidade de você se conhecer melhor e descobrir outras formas de amar e ser amado. Aquela chance não vingou? Tente outra vez, insista, batalhe. Pode ser que seu olhar mude, e passarão a te olhar com outros olhos também. Não foi desta vez? Experimente dar um tempo e, com calma, arrisque novamente. Nem sempre a hora prometida é a hora concedida.

Tente outra vez. Tente achar sentido, tente encontrar aceitação. Tente, mesmo que seu trabalho seja em vão. Tente se compreender, tente ser você mesmo. Tente buscar seu sonho, mesmo quando folhas secas sujam o gramado que você acabou de limpar. Tente buscar uma saída, tente recomeçar. A vida nos oferece uma existência nova, em branco, todos os dias. Mesmo correndo o risco de ter suas folhas riscadas de um jeito indesejado, simplesmente acredite que pode e deve tentar outra vez.

Seu Vitório continua varrendo a frente das nossas casas. Sabe que não pode colar as folhas nas árvores nem impedir o trabalho do vento. Na sua humildade, encontrou sentido. Sabe de seu valor. Sabe que seu trabalho não tem fim, mas que, se parar, será um caos. Então continua, dia após dia, simplesmente trabalhando e, acima de tudo, tentando outra vez...

Um amor sob medida

Aos poucos, bem aos poucos, a gente vai entendendo o que nos cabe. Independentemente da ditadura da moda, vamos descobrindo nosso estilo: clássica, hippie, ousada, desencanada. E vamos conhecendo o corpo que temos, aceitando aquilo que nos foi reservado.

Mas antes disso erramos muito, erramos feio. Quem nunca se deparou com uma foto antiga e sorriu ao perceber a inadequação? Eu mesma posso lembrar as vezes em que arrisquei um modelo "tomara que caia" num corpo desprovido de estrutura, e mais parecia um menino usando a roupa da irmã num desfile de Carnaval.

Uma roupa que cai bem é como um relacionamento que dá certo. As peças combinam, há correspondência mútua, existe reciprocidade.

O contrário, porém, é o desencaixe. A calça não entra, fica parada no meio da coxa e a gente dá uns pulinhos pra ver se ela sobe. A danada sobe um pouquinho, o zíper esgarça para baixo e deitamos na cama para tentar um pouco mais. Ela finalmente entra, o botão belisca a pele para fechar, as gordurinhas pulam para fora na altura do cós. Está evidente que a calça não nos cabe, que não aceita o corpo que a habita, que quer ser feliz em outro canto. Mas a gente insiste, faz a coitada caber na marra, até estraga o tecido em nome desse enlace desastroso. Assim também num relacionamento sem reciprocidade.

É aos poucos que a gente aprende a amar direito. E a dar valor àquilo que nos foi reservado. Sem olhar para os lados e desejar o jeans skinny que não entra em nosso corpo robusto, mas aceitando a pantalona larguinha que valoriza nosso charme exclusivo.

Nem sempre a gente enxerga o amor onde existe reciprocidade. E preferimos ciscar em terreiros que não nos aceitam por completo a nos assumirmos merecedores de um amor real e possível. Quantas vezes recusamos a atenção verdadeira em nome de uma ilusão passageira?

Chega uma hora em que temos que amadurecer. E junto amadurecer nossas expectativas em relação ao amor. Descobrindo que amor sob medida é amor sem medida – correspondido, revidado, validado, mútuo, recíproco. Amor que fica porque quer ficar, que doa porque quer se doar, que se expressa porque quer se expressar. Amor que não precisa de três pulinhos para entrar nem de bojo para ficar.

Só o tempo mostra o que deve permanecer de fato. As mãos que se entrelaçam por vontade, o aceno diário no portão, as últimas chamadas no celular, a mensagem respondida com atenção, o olhar que denuncia a importância, o gesto que confirma a relevância, o "querer estar preso por vontade", a falta doída da saudade.

E descobrimos que amor bom é amor recíproco. Um amor sob medida que é do nosso tamanho, e nos cabe enfim. E paramos de sonhar de olhos abertos, desejando quem não nos deseja, almejando o que não é possível alcançar, tendo esperanças em migalhas que jamais irão se concretizar.

Aprendemos, enfim, que prestar atenção é de grande valia para os assuntos do coração. E que reconhecer o amor só se aprende com o tempo. Dando o devido merecimento ao que deve ser reverenciado, e deixando de lado o que não nos serve de bom grado.

Você é maior do que você pensa

Fui uma criança que se achava feia. Uma adolescente que se sentia inadequada. E agora, mais madura, tenho me esforçado para me ver com olhos generosos, que enxergam mais beleza e adequação do que eu poderia atribuir a mim mesma.

É difícil nos assumirmos por completo. E, nessa incompletude, damos mais vazão aos defeitos do que às qualidades.

Você não é o cabelo escorrido que fica oleoso antes do fim do dia ou os cachos despenteados que só ganham contornos com uma porção de creme melado. Você é mais que as estrias que fizeram morada em suas coxas, e maior que as dobras que insistem em habitar sua cintura. Você é melhor que as unhas quebradiças e as espinhas na pós-adolescência. Você é maior que o pescoço flácido e as rugas desproporcionais que surgiram no último ano. Você não é o pé chato, cheio de calos e joanete, e muito menos a curvatura acentuada na sua coluna.

A beleza tem espaço dentro de nós tanto quanto o desencanto. E, mesmo que haja um dia ou outro em que nossos espelhos revelam menos do que gostaríamos, não são eles os donos da verdade do que somos de fato, pois não estão lá quando nos apaixonamos, quando estamos em um momento de oração, quando deixamos as lágrimas virem à tona num momento de pura emoção. Eles não estão lá quando você sorri espontaneamente ou faz um carinho verdadeiro em alguém especial. Não estão lá quando você se entristece, ou fica com raiva por causa de uma injustiça qualquer.

Eu te proponho acariciar-se em vez de criticar-se. Te proponho olhar-se com os mesmos olhos amorosos da pessoa que te ama e só por um instante deixar de se lamentar para dar espaço para se elogiar. Eu te proponho sair um pouco de seus espaços e imaginar estar vendo a si mesmo de fora.

Que você encontre beleza no momento em que está de pijama de algodão e cara limpa, que se admire sob a luz do dia quando o sol fizer brilhar o seu cabelo, e que se alegre ao perceber seu perfil num momento de absoluta concentração. Te proponho olhar-se de uma maneira mais gentil, sendo tolerante com os defeitinhos que imagina ter. Que você tolere o fio de cabelo fora do lugar, a gordurinha na barriga querendo saltar, o ângulo do nariz saliente demais, o vinco em torno dos lábios que não te deixa em paz, os fios brancos surgindo do nada, as marcas de uma vida apaixonada.

Que você se presenteie com amorosidade, permitindo ser visto como os outros te enxergam quando recebem de você o melhor que você pode ser. Que você perceba que merece o mesmo tipo de amor que irradia, e com isso passe a irradiar o melhor que puder.

Eu te proponho ser mais gentil com a alma que habita o seu corpo, elogiando seu olhar, agradando seu paladar, acreditando que é belo e digno de se amar.

Que você experimente o amor que vem de si mesmo, independentemente do que te disseram ou fizeram acreditar. Que você encontre paz ao reconhecer suas novas marcas, cicatrizes de um tempo que foi vivido, e que se alegre se elas ainda não chegaram. Que você faça as pazes com seu cabelo e não omita sua natureza. Que você cuide de seus dentes, e preste atenção à sua saúde. Que descanse quando houver cansaço e dance quando houver música.

Que você descubra os filmes que lhe falam à alma, as melodias que lhe fazem dançar de olhos fechados, os sabores que lhe fazem suspirar. Que você descubra o que aquece seu coração e, acima de tudo, que você aprenda que, se não está nesse mundo sozinho, grande parte de você atrai as pessoas. Essa parte é sua essência, a porção de amorosidade que deve ser cultivada para que cresça e floresça. E, se posso dar-lhe um conselho, acredite: você é maior do que todas essas coisinhas que lhe fazem tropeçar de vez em quando.

Você é maior do que todas elas, e maior do que você pensa...

Travessia

No cinema, assistindo ao filme A Travessia, meu menino tinha as mãos suadas. O filme, uma história real sobre o francês Philippe Petit, que na década de 1970 atravessou de forma ilegal o vão entre as torres gêmeas do World Trade Center, em Nova York, usando apenas um cabo e se equilibrando sobre ele, desacomoda e leva à transpiração as almas mais sensíveis. Assistindo ao longa, a sensação que fica é a do medo. Medo pelo que pode acontecer ao protagonista (mesmo sabendo que ele sobrevive), medo pelo que sentiríamos estando na pele dele, medo de altura, medo da morte.

Isso me fez recordar uma frase do escritor Mia Couto que diz: "Eu tive as minhas mortes. Felizmente, todas elas passageiras". E assim lembramos que a vida é composta de muitos lutos, a maioria deles reversíveis, e só isso deveria bastar para justificar nossa coragem, ou a capacidade de viver sem medo.

Apesar de nos resguardar do perigo, o medo nos afasta da vida. Da vida e de suas inúmeras mortes. Da vida e de seus vários renascimentos.

O equilibrista desafia o perigo com a certeza de que a morte está perto, mas não irá derrubá-lo. Já os que vacilam perante os desafios da própria existência constroem muros onde podem se refugiar, isolando-se de uma vida nova, muitas vezes melhor.

Apesar de adorar montanha-russa e de ter pulado de paraquedas há alguns anos, não me considero uma pessoa muito corajosa.

Fui criada para desejar uma vida segura, longe do burburinho da corda bamba, recatada em meu mundinho particular. O hábito me fez almejar segurança. Na minha redoma, cultivo minhas leis. Não ouso virar a mesa nem levantar a voz. Não troco o certo pelo duvidoso, prefiro "um pássaro na mão do que dois voando", perdi um pouco da espontaneidade com a idade. Não é motivo para me gabar não. Queria ter uma dose a mais de coragem para me livrar das culpas que me atam as asas e seguir pela corda bamba que me chama. A corda bamba que todos nós possuímos e, quer queira, quer não, temos que atravessar.

Todos nós possuímos um cabo de aço por onde devemos nos equilibrar e fazer a travessia. Alguns veem lá de cima precipícios enormes, como o vão entre as Torres Gêmeas. Outros percebem que tiveram medo de cair de uma altura irrisória, que não passava de ilusão causada pelo medo de seguir adiante. Porém, a vida é para quem ousa colocar pé ante pé, devagar ou com pressa, acreditando firmemente que cair não é o fim, pois muitas vezes o chão está a um palmo de distância.

Chegar ao fim, mesmo sentindo as pernas fraquejarem, nos dá a certeza de que a fé nos impulsiona a viver melhor. Ter a coragem de romper antigos nós, quebrar velhos tabus, experimentar novos ares e ousar fazer a travessia nos confronta com o amadurecimento, a única forma de crescer – independentemente da idade que tivermos.

Fazer a travessia é ter coragem de crescer. É experimentar o prazer que vem da descoberta de que vivemos constantes mortes, e que, com sorte, renascemos melhores e mais sábios. Que haja esperança, fé, inspiração divina. Que saibamos o momento de avançar e o de recuar. Que experimentemos cruzar a linha de chegada mais livres e com a consciência de que dando o primeiro passo já somos vencedores.

Mãe é tempero

De uns tempos pra cá, passei a sentir que as lágrimas de minha mãe têm desaguado com mais facilidade.

Seus olhos brilhantes, que por trás de sua armação de óculos para miopia não disfarçam as alegrias e dores vividas, hoje se emocionam mais demoradamente diante das singelezas da vida.

Mas minha mãe aprendeu a valorizar sua emoção. A guardá-la para o que realmente vale a pena. Aprendeu a resguardar o sal de sua sensibilidade para o que acrescenta.

E não à toa se comove com uma melodia que toca no rádio, lembrando os anos corridos e trazendo de volta o que não existe mais. Também se deixa desaguar em pingos d'água diante de um poema ou até mesmo um texto escrito por "sua menina", a moça crescida que hoje sou.

Mãe é tempero. Mãe é cheiro de manteiga derretida na panela numa tarde fria e sabor de açúcar e canela sobre bolinhos fritos na cozinha.

Mãe é delicadeza e sensibilidade. Sabe chegar de mansinho e falar com doçura antes das oito da manhã, ou tratar de assuntos mais "salgados" com a propriedade de quem já enfrentou grandes marés.

Sabe ouvir nossas queixas e temperar com serenidade os percalços de uma vida.

Mãe já trilhou estradas tortuosas como as nossas e sobreviveu, sabe que a gente aguenta um pouco de pimenta forte, mas está ao nosso lado para aliviar o sabor picante com um copo d'água gelado.

Mãe é alho e sal no refogado nosso de cada dia. É sabor, colo, cheiro e calor, temperos do amor, sem tirar nem pôr.

Mãe se emociona fácil, principalmente quando está diante da vida do filho.

Mãe se comove com filho pequeno na festa da escola; se entristece com fossa de adolescente; se enche de orgulho na formatura. Mãe se sente uma rainha quando o filho se casa e se emociona absurdamente quando o filho se torna pai (ou mãe).

Mãe é conselho sobre o que fazer com a febre do menino; é lembrança de noites em claro ao lado da cama. Mãe é repetição. Repetimos o amor que recebemos e até as broncas que doeram.

Mãe é erva-doce no bolo de fubá com café quentinho e panela no fogo estourando milho de pipoca antes de o filme começar.

Mãe custa a entender que os filhos crescem. Os filhos insistem em fazer a mãe perceber que essa bagagem agora é só deles.

Mãe quer continuar lembrando o filho crescido a levar o casaco nos dias frios e exige que ele raspe o prato até o fim.

O filho obedece à mãe não porque ainda precise de limites, mas porque, lá no fundo, ainda precisa dela.

Pois a vida é feijão com arroz. E mãe é sal, pimenta e alho no tempero dos dias...

A porção intacta

Há um livro de que gosto muito que se chama *O ano do pensamento mágico*. Ele é o primeiro de uma série de dois livros (o segundo se intitula *Noites azuis*), e conta a história real da autora, Joan Didion, do momento em que subitamente perde o marido – tomando vinho durante o jantar – até o ponto em que tem que reorganizar e refazer toda a sua vida sem ele. Paralelamente a isso, uma nova etapa tem que ser vencida quando a única filha do casal vem a falecer de uma doença rara e desconhecida.

O livro é uma pancada de realidade nua e crua, e nos leva a refletir sobre o sentido de continuar vivendo e buscando alternativas quando todo o norte de nossa vida se vai. As frases logo no início dão o tom exato dessa narrativa: "A vida se transforma rapidamente. A vida muda num instante. Você se senta para jantar e a vida que você conhecia acaba de repente".

A vida se transforma a todo momento. Nossos dias são bagunçados continuamente, e temos que resistir de alguma maneira. Temos que atravessar nossas bagunças diárias para alcançarmos a porção de nós que ainda conserva a calmaria e a paz. A porção de nós que é um rio de águas mansas, apesar de todo o barulho do lado de fora.

Todos nós, com raras exceções, já passamos por sustos – pequenos ou grandiosos – assim. Viradas bruscas no curso de nossas existências que nos abalaram por completo no início, mas que depois nos permitiram reavaliar o chão em que estávamos pisando.

Alguns lutos são maiores que outros. Mas ainda assim existe uma semente, enterrada bem no fundo de nosso cerne, que pode florescer novamente. Essa semente tem voz, e nos fala que somos capazes de encontrar algum resquício de sentido no meio de tantas perdas, dificuldades e falhas.

Talvez você goste de cantar, talvez prefira pedalar. Pode ser que goste de escrever, ou de alguma forma escolha ler. Talvez você se encontre ajudando alguém, talvez perceba a sorte que tem.

Descobrir a porção intacta de nós mesmos leva tempo e algum autoconhecimento. Mas ela está lá, esperando ser explorada, como um estepe para momentos vazios.

A porção intacta representa o combustível na hora de virar o jogo. A força por trás de toda dor, capaz de nos levantar de novo. A esperança, nos bastidores da tristeza, capaz de nos impulsionar para outros voos. O desafio de nos tornarmos o melhor que podemos ser com o pouco que restou.

Que a gente descubra que é maior que aquilo que nos faz mal. Que a gente tenha esperança mesmo quando a vida toma um rumo diferente daquele que a gente pensou que pudesse ser o nosso final.

Que a gente aprenda que todos temos uma porção intacta, e é por meio dessa porção que podemos recomeçar do jeito que for. Que a gente não perca a fé, mesmo quando tudo não conspira a nosso favor. Que a gente encontre o cerne de toda alegria e o centro de toda poesia. Que a gente esteja aprendendo continuamente, e resistindo bravamente.

E que a gente consiga voar, mesmo quando o mundo parece desabar...

"Ainda somos os mesmos"

No feriado de 2 de novembro minha turma de faculdade se reuniu para comemorar nossos vinte anos de formados. Nos três dias de encontro, percebemos o quanto a vida caminhou, cumpriu seu papel fortalecedor, gerou frutos (o número de crianças comprovava isso), trouxe novas dores e muitas responsabilidades. Mas, durante aqueles momentos de intensa comemoração, pudemos deixar em casa o excesso de zelo e preocupações e voltar a ser aqueles que modificaram Alfenas há vinte anos.

Houve uma missa, celebrada por um grande amigo e colega de faculdade que se tornou padre. A celebração foi às margens de um rio, embaixo de um caramanchão. Ali nos demos as mãos e oramos juntos. Já não havia mais espaço para pensar no tempo que separou cada um de nós nesses vinte anos.

Éramos de novo os colegas de classe, meninos de pernas de fora que se reuniam nas escadas da biblioteca e tinham sonhos, muitos deles, para quando a vida se cumprisse "de verdade".

A vida se cumpriu de verdade. E descobrimos que nessa jornada a medida entre os acontecimentos bons e imperfeitos se contrabalanceou o tempo todo, e, por mais difícil que tenham sido alguns momentos – para todos, sem exceção –, estávamos reunidos ali, dando as mãos e agradecendo a Deus na beira de um rio. Nossos filhos estavam presentes para comprovar que a vida é cheia de ciclos, e que a gente pode sim voltar àquele ponto em que éramos tão felizes e livres. Que o bom da vida é essa capacidade de dar uma trégua quando o curso de nosso rio caminha turbulento, e descobrir que ainda somos os mesmos, apesar das ranhuras, faltas e falhas.

Talvez a amizade seja isso. A capacidade de nos darmos as mãos em que tempo for. A possibilidade de voltarmos a ser quem éramos no instante em que nossas histórias são recontadas de um jeito novo. A vontade de que o tempo não desfaça os laços nem desate os nós. A permanência de quem fomos no olhar de quem nos vê. A construção de um tipo de amor que não se desfaz com o sopro do tempo, mas se recompõe ao primeiro toque de acolhida. A vontade de estar junto, mesmo que isso custe horas de estrada e algum sacrifício.

Constatar que ainda somos os mesmos, apesar da bagagem adquirida por cada um, nos acalenta e fortalece para prosseguir. Pois descobrimos que amadurecemos, mas ainda conservamos algo em nós que permanece brilhando. Algo que não se perde nem com as ventanias nem com as tempestades. Algo que nos diz que estamos no caminho certo, apesar de vivermos histórias tão distintas.

É por isso que reencontrar amigos nos faz lembrar. Nos lembramos de quem um dia fomos, nos lembramos da parte de nós que deixamos numa curva do caminho, nos lembramos daqueles que desejamos voltar a ser. Talvez saudosismo não seja a palavra exata para nomear esse tipo de sentimento. Acredito que "resgate" defina melhor essa sensação de querer buscar a porção de nós que nos lembra que a vida pode ser decodificada de uma forma mais simples e bonita. A porção de nós que reafirma e recorda que ainda somos os mesmos, apesar do tempo, em que tempo for...

Entressafra

Hoje acordei mais cansada que o habitual. Levei o pequeno à aula de Inglês e dei uma passadinha na igreja. Minha mãe foi junto e pediu autorização para que eu conversasse com o padre da paróquia. Contei a ele meu desânimo, que vem se arrastando por meses, e ele disse para eu procurar um médico. "Pode ser anemia", foram suas palavras, e entendi o que queria dizer.

Mal-estar a gente sente a todo momento, e é comum atribuirmos a culpa por nossos desconfortos rotineiros a fatos que estão fora do nosso alcance. Então um desânimo poderia ser fruto de um ambiente de trabalho "carregado", cheio de inveja e maus espíritos. Dito isso, a causa do mal-estar não estaria mais em mim, e sim naquilo que não posso controlar e, portanto, mudar.

Estou num período de entressafra, e sei que é passageiro. E, embora tenha motivos para me comover, como quando ligo a tevê e me deparo com a tragédia em Mariana, também fico sensível ao colocar meu menino para dormir e imaginar que no dia seguinte ele estará um dia mais próximo da puberdade, num tempo longe das nossas brincadeiras e afagos tão maternais.

De vez em quando é normal a vida caminhar pesada, carregada de vazios e com uma falta de sentido alarmante. Também acontece de o choro irromper as barreiras do bom senso nas horas mais impróprias: o ônibus que não parou, o episódio do *Que Marravilha Chefinhos* em que a garotinha ganhou todas as estrelas, uma música bonita acompanhada de um pôr do sol visto da janela do carro, uma frustração no trabalho, uma indignação na vida.

Ninguém está livre de maus momentos, e de se sentir caminhando com um peso amarrado nas canelas. Alguns períodos são mais difíceis que outros, e nesse processo de sentir, tolerar e passar por isso com um sorriso no rosto e muita paciência com a própria existência nos faz mudar muito também. Aprendemos a aceitar a inconstância dos dias, o vaivém da esperança, a entrada involuntária do tédio. Vamos percebendo que já podemos suportar melhor as frustrações, que a falta de ânimo não nos derruba mais, que o cansaço pode ser contornado com algumas horas de sono e muito jogo de cintura.

Somos os únicos responsáveis por mudar aquilo que vai mal na gente. E por mais tentador que seja atribuir a razão de nossas mazelas a fatos que não temos controle, isso não resolve. O que resolve é aproveitar esse momento para descobrir que parte da estrada você pegou errado, e tentar voltar nesse trecho para consertar alguma coisa a partir daí.

Pois na vida não existem atalhos, ou cortar caminho pra chegar mais rápido. A vida cobra cada etapa mal vivida. E pede que você volte três ou doze casas para refazer o que não foi bem-feito. Pode ser que você tenha passado por cima de um luto, e agora fica sentindo essa tristeza a conta-gotas e não sabe o que é. Permita-se voltar ao ponto em que a dor doeu mais e recupere a chance de chorar esse choro até o fim.

Não adie a alegria, mas perdoe-se quando encontrar-se num período de entressafra. Quem disse que ser feliz é ser perfeito? Tudo faz parte de nossa humanidade – alegria, tristeza, tédio, esperança – e aprender a tolerar os percalços com serenidade também é sinal de sabedoria.

Que usemos esse tempo para aprender algo novo: uma oração, a chance de aprender a meditar, a vontade de se exercitar, a coragem de se apaixonar.

E que dos espinhos surjam marcas de uma pessoa mais amadurecida, que pode florescer em qualquer estação, pois só quem viu seu solo secar pode dar verdadeiro valor à chuva que vai chegar...

Ação de Graças

O Dia de Ação de Graças é um feriado celebrado nos Estados Unidos e no Canadá, observado como um dia de gratidão a Deus, com orações e festas, pelos bons acontecimentos ocorridos durante o ano. O Dia de Ação de Graças é comemorado no outono, após a colheita ter sido recolhida, e atualmente é celebrado na última quinta-feira de novembro.

Portanto, hoje é Dia de Ação de Graças. E, mesmo que no Brasil não seja uma data muito festejada, não custa nada sair um pouquinho das atribulações do nosso dia e reconhecer os motivos que temos para estar gratos a Deus e à vida que vivemos.

Mesmo sem saber rezar, podemos exercer a gratidão. A parte de nós que reconhece que, mesmo diante das turbulências, ainda há motivos para agradecer e reconhecer os presentes diários.

Que minha gratidão seja maior que meu ressentimento diante das adversidades. Que meu espírito saiba reconhecer os presentes por trás da rotina, e que na correria do dia a dia eu ainda possa me encantar diante dos pequenos gestos. Que eu esteja grato desde o primeiro espreguiçar da manhã, e que possa entender os desfechos do meu dia com serenidade ao cerrar os olhos. Que o meu semblante carregue não somente o pesar pelos infortúnios diários, mas que encontre motivos para sorrir ao primeiro vestígio de benevolência e paz.

Que haja fé, apesar das tempestades. Que haja serenidade, apesar das turbulências. Que haja gentileza, apesar dos tropeços. E que permaneça a gratidão, sempre e em todo lugar.

O Universo devolve o que recebe. E, ao demonstrar gratidão, um recado de amorosidade é enviado. Um reconhecimento pelas colheitas nos campos e em nossas vidas.

Que nenhuma penumbra impeça nosso espírito de se sentir acolhido e abraçado.

Talvez a gratidão seja um sentimento que necessita ser exercitado. E praticá-lo requer analisar nossa colheita diária buscando algo que possa ser devolvido com carinho ao Universo.

Mesmo um dia puxado, carregado de dúvidas e frustrações, tem sua parcela de bênçãos. E a gente tem que se esforçar para tirar aquela gotinha de gratidão num mar salgado de inquietação.

Esta noite não haverá uma ceia em que nos daremos as mãos e agradeceremos juntos as bênçãos em nossa vida. Mas poderemos sim, no silêncio de nosso quarto, lembrar com gratidão o que temos de fato. O teto sobre nossas cabeças, a saúde que nos possibilita estar de pé, nossas amizades, a oportunidade de estudar ou trabalhar, nossa capacidade de amar, os pequenos trunfos que acontecem diariamente, as conquistas que nos fazem sorrir e enchem nosso peito de alegria.

Nem sempre haverá um circo dentro da gente. A maioria dos dias não tem banda animada nem soldadinhos marchando alegremente. Mas, ainda assim, é possível agradecer pelo dom de ter um espírito livre, que nos garante uma boa safra no fim do dia. Dormir em paz, sabendo que nosso rio flui sem grandes desvios, é um milagre. E milagres têm que ser celebrados. Reconhecidos também.

Que a gente possa reconhecer nossas dádivas, presentes miúdos que garantem a construção de nossa existência. E que cada dia arrecade a sua porção de fé e gratidão... Amém.

Insônia

Depois de um dia barulhento, vivendo do lado de fora e distraindo-se de si mesma, finalmente chega a noite e, com ela, o silêncio. O silêncio necessário para voltar-se para dentro.

Enquanto as luzes se apagam e todos dormem, ela entende que já não adianta mudar de posição na cama; a culpa não é do colchão, nem do calor que chega, nem da respiração pausada e lenta ao seu lado. Sabe, por hábito, que será mais uma noite insone e levanta-se devagar para não despertá-lo.

Do lado de fora, caminha pelos cômodos. Entra no quarto do filho e aquela paz lhe comove. Senta-se na cama, acaricia-lhe a face, sussurra palavras doces e de repente chora. Chora por culpa, necessidade, constatação.

Constatação de que o tempo está levando a infância, deixando fluir a pureza, evaporando a ingenuidade. *O menino está crescendo*, ela pensa, enquanto pensa que amanhã terá mais um dia cheio longe dele, longe da eternidade que a infância representa, como sonho que só se realiza uma vez e perdura na memória pela vida afora. Ela se dói inteira e tem vontade de acordá-lo, abraçá-lo, de jogar mais uma vez aquela partida de vôlei que ainda há pouco ela própria interrompeu com suas manias de regras e rotinas. E se pergunta: "Pra quê?".

Então o beija novamente e fecha a porta do quarto, cuidadosa. Quer se distrair, mas o domingo está terminando com a meia-noite que chega, enquanto seu interior brinca de inadequação.

Sente que nada se encaixa, nada faz sentido, tudo é um erro. De madrugada os fantasmas se divertem à sua custa. Ela se pune e lembra o que a terapeuta disse na última sessão: "Por que faz isso com você? Por que continua se punindo?". E então corrige a expressão e tenta ser mais dócil e tolerante com suas falhas tão comuns, tão humanas.

Olha-se no espelho e tem compaixão pela mulher refletida. Entende seu olhar cansado e tudo o que esse olhar traz. Marcas duras dos últimos anos e situações difíceis dos últimos dias.

Então de repente gosta dela. Entende suas decisões – nem sempre certas, mas possíveis. Ela a perdoa e deseja que seja feliz. Ah, como deseja que seja feliz...

Mas é tão difícil abandonar velhos padrões!

Quer, acima de tudo, respeitá-la para que, assim, recupere pelo menos o sono.

Decide começar de novo. A partir de amanhã não, é tempo demais. Enxuga as lágrimas com cuidado, serve uma xícara de chá – embora não goste de chá, mas acredita que é assim que as pessoas sensatas e com amor-próprio fazem –, acende o abajur da sala e acaricia os pés no tapete. Pela última vez chora para lavar o coração e lubrificar os olhos.

Olha as paredes da casa que tanto desejou e agradece por ser feliz, por estar em casa, pelo encontro consigo mesma.

Promete ser fiel ao seu coração, aprender a desejar, ouvir mais seus instintos – o que sempre lhe moveu – sem culpa, sem remorso, só amor.

Enfim adormece... sabendo que daqui a pouco haverá mais barulho, o que a distrairá de si mesma novamente...

Uma carta especial

O ano está chegando ao fim, e, em meio à correria de preparar a ceia e a casa para festejar o nascimento de Jesus – é preciso lembrar sempre o motivo desta noite especial –, nos deparamos com o inevitável balanço do ano que passou. Não é todo dia que paramos para refletir, analisar e desejar melhores rumos para quem somos e para o que estamos fazendo com a vida que vivemos.

Este ano, quis me presentear com uma carta a mim mesma. Pode ser que a imprima e guarde para ler daqui a um ano, quando as festas se repetirem e um novo balanço estiver a caminho. Pode ser que eu a revisite sempre que puder, no intuito de tentar ser mais fiel ao que acredito de fato, não fugindo daquilo que hoje considero minha história. E pode ser que seja só mais um exercício de reflexão e percepção da vida que tenho vivido, sem grandes implicações futuras ou objetivos maiores além daqueles que experimento hoje.

>Minha cara amiga,
>Chegamos juntas ao final de mais um ano e, enquanto as luzes da árvore cintilam anunciando que é hora de desacelerar e refletir, acompanho o ritmo frenético com que enfrenta os últimos dias de dezembro. Sim, você tem enfrentado esses dias, e não vivenciado com a magia que a acompanhou por tanto tempo, quando ainda era uma

menina e o tempo de Natal significava realmente um tempo de Paz e Luz.

Desejo que você reaprenda a ter menos e sentir mais, dando real sentido a cada coisa em seu lugar. Que não sofra coreografando a dança dos dias nem desgaste seu brilho lamentando o que não pode ser mudado. Aproveite o que a vida tem de melhor, que é a companhia das pessoas que lhe querem bem, e aproveite esse tempo para exercitar sua comunicação afetiva, a capacidade de responder com amabilidade aos que convivem com você. Ficar sozinha é bom, nos protege de um monte de coisas, mas não nos ensina a reconhecer que precisamos uns dos outros, e que dar as mãos é um gesto necessário, que nos sustenta vida afora e ensina a importância de criar laços.

Vá atrás de seus objetivos e celebre a realização de seus sonhos com a mesma euforia dos que acreditam ser merecedores de dádivas. Você também merece bênçãos, e é preciso estar grata e feliz quando elas acontecem. Faça um brinde à vida toda vez que reconhecer um milagre – e, acredite em mim, eles acontecem a todo momento.

Tenha sempre em mente seus presentes. A vida não é só boa, e alguns momentos serão difíceis mesmo. Entra ano, sai ano, muito do que é ruim se repete, e a gente tem a péssima tendência de viver perpetuando as lamentações. Não foi um ano fácil para o Brasil, e a instabilidade continua batendo à nossa porta. Mas somos um povo que sabe resistir e se reinventar, basta ver como tudo caminhou no episódio das escolas no estado de São Paulo. E embora não possamos controlar tudo – a tragédia em Mariana e o Zika vírus são provas disso –, podemos sim pedir a Deus proteção.

No momento em que escrevo este texto, estamos parados em um engarrafamento numa estrada rumo a Minas. Não há muito que fazer, apenas esperar. Faz mais de trinta minutos e estamos parados no trânsito da Fernão Dias. Algumas coisas serão assim em 2016. E não há remédio senão esperar. Ter paciência com as demoras, tolerância com os percalços, fé num desfecho positivo fazem parte deste pacote que é "aprender a viver".

Finalmente, alguns conselhos práticos: volte para a ginástica, faça caminhadas pela manhã, aprenda a meditar. Encontre um refúgio dentro de si mesma para não deixar as atribulações vencerem você e, quando o ambiente de trabalho pesar, lembre-se de um dia bom no seu repertório de dias vividos (foram tantos nas últimas férias!). Ore, entregue seus caminhos a Deus e exercite a confiança.

Não tenha vergonha de amar nem de querer bem, mas, acima de tudo, respeite seus limites.

E, quando a vida demorar, lembre-se do dia de hoje. Já faz mais de duas horas e o trânsito permanece imóvel. Não há o que fazer, apenas buscar alternativas no que é possível.

Leia bons livros e se distraia com filmes interessantes. E, por mais difícil que pareça em alguns momentos, não desista de escrever.

Que venha 2016 e com ele a promessa de dias novos pra gente traçar a história da melhor maneira possível.

Feliz Natal e seja bem-vindo, ano-novo!!!

Mais uma chance

Outro dia revi *Comer, Rezar, Amar* num desses canais da TV paga. Elizabeth Gilbert sempre me surpreende com algumas de suas frases, e dessa vez não foi diferente. Num dado momento, o amigo da personagem principal diz: "Você precisa aprender a escolher seus pensamentos do mesmo jeito que escolhe as roupas que vai usar a cada dia. Se você quiser tanto assim controlar as coisas da sua vida, trabalhe com a sua mente. Ela é a única coisa que você deveria estar tentando controlar. Reconhecer a existência dos pensamentos negativos, entender de onde vieram e por que apareceram e então – com grande capacidade de perdoar e com grande coragem – mandá-los embora".

A frase coube direitinho neste começo de ano em que decidi reciclar meu interior e voltar para a terapia. Estou me dando de presente a oportunidade de entender meus pensamentos, saber de onde vêm e conseguir fazer deles algo melhor e mais bonito.

A gente reluta muito em entender que somos o início e o fim da maioria de nossos problemas. E é engano acreditar que podemos controlar o tempo, as pessoas que nos rodeiam e as circunstâncias que nos cercam sem modificar a forma como olhamos para o tempo, para as pessoas e para as circunstâncias. A mudança está no pensamento, na escolha daquilo que permitimos que permaneça dentro de nós.

Acolher o ano-novo é reconhecer que nos foi dada mais uma chance. Mais uma chance de tentarmos ser melhores mesmo que isso nos custe muito esforço. Mais uma chance de querermos muito alguma coisa a ponto de não desistirmos dela ao primeiro obstáculo. Mais uma chance de agradecermos em vez de reclamarmos, e simplesmente aceitarmos a vida como um presente, e não como um fardo. Mais uma chance de reconhecermos que temos sorte, por pior que pareçam os momentos.

Escolher os próprios pensamentos pode parecer simples, mas não é. A mente se habitua a exigir em vez de agradecer. E teima em navegar por águas turvas, de descontentamento e desilusão. Por isso necessita de esforço. Tentar de novo, todos os dias, é um exercício que deve ser repetido exaustivamente, até chegar ao ponto em que o hábito vira rotina, e a repetição se torna vocação. Ninguém disse que seria fácil, mas pode ser possível se você tentar.

A realidade depende da forma como interagimos com ela. E agora me veio à mente uma história (real) que meu marido conta. Na época em que morava no sítio e estudava na cidade, um de seus colegas de classe se esforçava para repetir de ano. Parece que repetiu inúmeras vezes porque não queria deixar o colégio, já que isso representava voltar a trabalhar na roça. O que para alguns poderia parecer um fardo (repetir de ano), para ele era uma bênção. Assim são nossos pensamentos. Podem nos conduzir para uma existência leve, sem dívidas, ou podem fazer da realidade uma extenuante repetição de fardos pesados, difíceis de carregar.

Que 2016 traga mais uma chance e com ela o amadurecimento de nossa capacidade de escolher bem os pensamentos, dando real importância ao que deve criar raízes em nós.

Que possamos reconhecer mais uma chance nos dias que ainda não foram escritos, e que aprendamos a colorir nossas folhas em branco da melhor maneira que pudermos.

Que haja esperança, porque ela é o combustível para os momentos difíceis.

Que haja fé, pois ela nos permite resistir quando falta acolhida em nossa vida.

Que não nos falte afeto nem boa companhia, mas que saibamos tolerar nossa solidão com sabedoria.

Acima de tudo, que a gente não desista, pois a vida é para quem ousa insistir, mesmo quando a dúvida parece resistir...

Bem-vindo, 2016!

Nossa grandeza e nossa pequeneza

Nesse período de férias escolares contei com a ajuda de minha mãe. À tarde ela ia para minha casa e lá ficava com meu filho e meu sobrinho, netos que ela sempre quer por perto.

Outro dia, voltando do trabalho e encontrando-a em casa, tive vontade de deitar no seu colo e voltar a ser a filha que um dia eu fui. Mas o que eu era? Era a mãe de um menino de nove anos chegando em casa. Era a dentista do Centro de Saúde terminando o expediente. Era a esposa retornando para o lar. Era a filha encontrando sua mãe. Esqueci esse último papel e assumi os outros três. Comovida com minha necessidade de proteção, apenas endureci. E me lembrei de uma frase numa palestra da Rosely Sayão na escola do meu filho: "Onde tem afeto, é mais difícil". E percebi o quanto a comunicação falha quando há afeto envolvido.

Queremos colo, mas dizemos que estamos cansados. Desejamos ser ouvidos, mas falamos com aspereza. Temos medo, e em vez de buscar um refúgio nos irritamos com facilidade. Estamos sensíveis, por isso endurecemos.

Somos grandes e pequenos ao mesmo tempo, mas só mostramos uma face, nem sempre a melhor. Manter certa distância de nossos sentimentos facilita o diálogo, mas não traduz quem somos de verdade.

De verdade somos seres complexos, antagônicos, que se alegram com facilidade e perdem o humor no instante seguinte. Tem dias em que tudo se encaixa, como peças de um quebra-cabeça perfeito, e outros em que nos perguntamos para onde estamos indo realmente. Talvez aprender a lidar com a transparência de nossos sentimentos, sendo sinceros no diálogo com quem nos importamos de verdade, seja a chave para nos comunicarmos melhor.

Nossa grandeza diz que somos dignos de amar e sermos amados, que estamos no rumo certo, que podemos desejar um monte de coisas, que tudo é possível para quem tem fé, que um dia ruim é passageiro, que a vida é muito boa, que é bom ter a casa cheia, que nunca é tarde para investir num sonho, que somos seres que necessitam de amigos. Nossa pequenez nos coloca em dúvida em relação ao presente e futuro, nos amedronta diante da novidade, nos afasta das pessoas, diminui nosso amor-próprio, afugenta a proximidade dos outros.

Mas ninguém é uma coisa ou outra. Tanto a grandeza quanto a pequenez têm espaço dentro de nós, e vêm à tona sem que nos programemos para isso. Então o negócio é nos conhecermos melhor – e aprendermos com os erros. Quem sabe assim a gente se habitue a buscar a realidade recheada de verdade, e descubra que um cansaço é só um cansaço, e não precisa ser mascarado com frieza e distanciamento. Que a vontade de ganhar um abraço muitas vezes tem que ser dita, e que isso não diminui a validade do gesto. Que querer um colo de vez em quando é normal, e nos aproxima um tanto também. Que a tristeza existe, e acusa um monte de verdades que precisamos parar para ouvir. Que, depois de senti-la por inteiro, ela vai embora.

E que só quem não tem medo de ficar triste consegue ser feliz por inteiro.

Um norte

No último fim de semana assisti ao filme *Um Senhor Estagiário* com a turma lá de casa. Logo no início, Ben, o personagem vivido por Robert de Niro, diz:

"Freud disse: 'Amar e trabalhar, trabalhar e amar. É só o que existe'. Bem, eu sou aposentado e minha esposa morreu. Como devem imaginar, tenho tempo de sobra. Minha esposa faleceu há três anos e meio. Sinto muito a falta dela. E a aposentadoria é um esforço contínuo e implacável de criatividade...".

O resto não vou contar, só digo que o filme é bem divertido e me fez pensar na vida como uma sequência de eventos que devemos usufruir da melhor forma possível. Como disse Ben, "um esforço contínuo e implacável de criatividade". Pois, ao contrário do que cantou Zeca Pagodinho, nem sempre é válido "deixar a vida me levar". Há que se ter criatividade e jogo de cintura para não esmorecer nos momentos em que nos falta um rumo a seguir.

Como você passa o seu dia? Trabalha, leva os filhos para a escola? Estuda de dia, namora de noite? Cuida dos netos, cultiva um jardim? Faz ginástica, encontra os amigos? Estuda, trabalha, pratica yoga e cozinha? Tem tempo demais, tem tempo de menos? De qualquer forma, estabelecer um norte torna-se primordial para se viver bem. Ter objetivos, ter para onde ir, ter o que fazer, descobrir o que te faz feliz, descobrir o que te realiza e completa... tudo isso faz parte do pacote que é brincar de viver, e deve ser cultivado constantemente.

Ter um norte é descobrir as coisas que alimentam sua alma, os gostos que renovam seu espírito, as atividades que lhe dão prazer, as músicas que lhe comovem mais. Não necessita de especialização nem perfeição, só vontade de estar inteiro naquilo que lhe completa. Não precisa de carteira assinada, muito menos de livro ponto. Ter um norte tem mais a ver com os assuntos do coração do que da obrigação, e depende mais da vontade que da necessidade.

Essa reflexão me trouxe de volta a uma sessão de terapia em que minha terapeuta me perguntou o que eu mais gostava de fazer. Eu respondi que era cuidar do meu filho. Ela insistiu, tinha que ser algo direcionado a mim, não a outra pessoa ("Os filhos crescem...", ela disse). Foi então que me lembrei de que gostava de escrever e – bingo! – descobri que podia começar um blog.

Então o que eu quero dizer é que você tem que descobrir o que te realiza e faz você querer abrir os olhos pela manhã todos os dias. O que faz você sorrir para o espelho do banheiro mesmo que a saudade esteja doendo em seu peito. O que lhe comove a ponto de lhe tornar criativo para resistir e querer ser melhor do que já foi. O que alimenta seu espírito quando o cansaço lhe tira as forças, e faz seus olhos brilharem à primeira lembrança do que você pode fazer com seus dons.

Ter um norte é descobrir em si mesmo o que lhe completa, e não buscar nos outros o seu sentido para viver. É encontrar dons escondidos e alimentá-los com vontade e determinação. É esforçar-se para sair da acomodação e seguir por uma estrada íngreme, que leva a um lugar melhor. É ir à luta para encontrar sentido nas pequenas coisas, nos pequenos gestos, nas diminutas possibilidades.

Ben, o personagem que citei, é um senhor empenhado. Aos setenta anos, já tentou de tudo: viajou, jogou golfe, leu, foi ao cinema, fez ioga, aprendeu a cozinhar, comprou plantas, estudou Mandarim. Ainda assim, precisava de um sentido maior para seus dias. Se ele encontrou? A gente torce que sim!

Quanto a nós, só podemos seguir feito Ben, em busca de sentido. De algo que venha sanar esse vazio existencial que todos possuímos, e que de vez em quando dá as caras de um jeito maior do que gostaríamos.

Que haja serenidade para esperarmos o tempo das descobertas. Que haja lucidez para assumirmos o papel que nos cabe em nossa vida. E que não nos falte ânimo, pois é ele que nos impulsiona a viver melhor todos os dias.

Somos instantes

Outro dia, navegando na internet, vi a imagem de um muro pichado com a frase: "Somos instantes". A frase ficou na minha cabeça, e hoje, dias depois, conferindo as fotos no celular (com aquele efeito incrível de captar o momento em que a foto foi tirada acompanhada de som e movimento), me lembrei da frase no muro.

Somos instantes... e por mais que desejemos acreditar que a vida é uma jornada longa, em que sempre haverá tempo de amar mais, nos entregar mais, resolver nossas pendências, conceder aquele perdão... esse momento não existirá em nenhum outro lugar senão no agora.

Somos instantes... e as escolhas que temos à nossa disposição não estarão disponíveis para sempre. Por isso é primordial não deixar as oportunidades passarem, os sonhos arquivarem, os projetos desandarem. O tempo não para, ele corre depressa sem esperar retardatários. O bilhete não pode ser remarcado, e seu lugar não pode ficar vago.

Somos instantes... e por isso há de se comemorar as datas especiais, soprar as velinhas nos dias festivos, encher de balões a sala de estar, cantar versos de Vinicius, dançar um tango emocionado, reunir a família em torno da mesa de jantar.

Somos instantes... e assim não pode haver economia de roupa de cama nova, taças brilhantes da cristaleira, lingerie especial, sapato lustroso e vestido colorido.

Somos instantes... e aquela viagem tem que deixar de ser um sonho para virar disposição de malas prontas e voo alto. Economize, pesquise, viabilize. Vá conhecer um novo lugar, se envolver com outras culturas, experimentar novos sabores. Torne real os planos de seu coração e experimente a concretização de sua emoção.

Somos instantes... e por isso não se pode deixar para depois qualquer pendência ligada ao coração.

Decepções ocorrem a todo instante e, por mais difícil que pareça, é nos momentos difíceis que a gente aprende a se curar. Então abra a janela e refresque o ar. Borrife perfume nos seus pulsos e solte os cabelos sem medo de embaraçar. Lembre-se de que tudo muda a todo momento, e de que as mágoas só permanecem se a gente deixar.

Somos instantes... e assim todo momento vivido é um momento de crescimento e aprimoramento.

Que a gente aprenda com os erros e acertos, e que permaneça o que nos faz bem. Entendendo que a sabedoria é resultado do que passou, mas é no presente que ela mostra o que a gente já conquistou.

Abrace a alegria, dê as mãos à sabedoria. Dance em ritmo acelerado com a fantasia e respeite a calmaria. Não tenha medo de arriscar desejos, desenvolver projetos e sonhar fora do ninho.

Somos amor, sonhos, conquistas. Somos medos, decepções, mágoas. Somos mistério, alegria, fantasia. Somos força e vulnerabilidade; solidão e multidão. Somos tudo e nada, grandiosidade e pequenez, busca e encontro.

Porém, acima de tudo, somos instantes...

Certezas

Estou adorando o livro *Nós*, de David Nicholls. O romance é leve e divertido, e já no começo nos compadecemos de Douglas Petersen, o personagem principal, que uma noite é acordado pela esposa e se depara com um pedido de divórcio repentino. Era só mais uma madrugada, uma madrugada comum, e, no entanto, ele agora tinha que lidar com aquilo que não esperava.

A gente só cresce quando a vida desafia algumas de nossas certezas. A vida linear, do jeitinho que a gente planejou, seguindo o script de nossos anseios e vontades, não nos tira do chão nem exige ousadia de parte alguma. Mas o susto... O susto nos arranca de nossas poltronas e nos faz ser mais fortes do que pensamos. O susto nos impulsiona a agir mesmo quando nos moldamos à comodidade de nossa rotina, e nos estimula a seguir adiante desembaraçando os nós e costurando novos arranjos.

Você pensa que está no controle de tudo. Faz exames, tem uma aplicação segura no banco, usa fio dental regularmente, carrega o guarda-chuva no porta-luvas do carro, está em dia com o plano de aposentadoria. Mas seu excesso de zelo não o protege da porção da vida que está aí para lhe surpreender. Para provar que, mesmo tentando controlar tudo, você não tem controle sobre nada. Para ensinar que você tem que aprender a andar com menos segurança, habituando-se a dizer "Simplifica!" para os prazos apertados e para as urgências desnecessárias.

Felicidade distraída

Na vida temos certeza sobre quase nada. O que existem são zonas de conforto em que nos cercamos daquilo que parece certo até aquele momento. Mas nada nem ninguém é definitivo. Tudo muda a todo instante, e por isso torna-se fundamental resguardar-se com leveza, dando real valor ao momento presente.

Nem tudo é caos; reviravoltas fazem parte do plano para nosso crescimento. Nem tudo é difícil; as mudanças podem ser encaradas como desafios. Nem tudo é tormenta; alguns sustos nos levam para um lugar melhor.

O que é certo é o presente. Só neste lugar e neste momento somos quem somos de fato, e temos o que temos ao nosso alcance. O resto são só suposições. Se aquele caso antigo vai voltar ou não, se o curso de verão será bom ou não, se o amor presente vai durar ou não... não há certeza de que possa perpetuar o que desejamos, pois a vida, por si só, é uma aventura em constante mutação, e carrega muito mais reticências que pontos finais; muito mais linhas a escrever que folhas gastas pelo tempo; muito mais viradas de página que finalizações de capítulos...

"Ninguém é forte sozinho"

Ontem fui ao cinema assistir ao ótimo *O Quarto de Jack* e saí de lá comovida e com a certeza de que ninguém é forte sozinho. O filme, indicado ao Oscar 2016, conta a história de Joy (Brie Larson) e Jack (Jacob Tremblay), presos em um quarto no quintal de um homem que sequestrou Joy durante a adolescência. Jack é o filho que Joy teve com o sequestrador, e nasceu no cativeiro.

Ao contrário do que se possa imaginar, o filme não é um suspense cheio de ação e terror, e sim um drama que nos revela a inocência de Jack e a força de Joy. Um filme sensível e delicado, que nos surpreende nos detalhes.

Jack tem os cabelos longos, e diz que os cabelos são sua força. Porém, ao se deparar com Joy fragilizada, pede que seus cabelos sejam cortados e entregues à mãe, para que ela se fortaleça. E diz: "Nós todos ajudamos uns aos outros a permanecer fortes. Ninguém é forte sozinho". A frase, assim como todo o filme, me fez refletir. Porque, sem o filho, talvez a mãe não tivesse a garra que teve para escapar do cativeiro. E por causa de tantas pessoas, presentes ou não, nos esforçamos para resistir todos os dias da melhor maneira que conseguimos.

Você está batalhando por um mestrado. Entre livros, traduções e pesquisas, pensa em desistir. Mas então se lembra de sua mãe, há tanto tempo distante, como ela queria estar viva para ver você concretizando esse sonho... por ela você se esforça e consegue. Descobre, mesmo sozinho, que é mais forte com a lembrança dela.

Você está cansada do trabalho. Os prazos apertados, a rotina desgastante... mas de repente se lembra do filho pequeno. Da escola que ele frequenta, das comemorações no aniversário, das viagens no fim do ano... Por ele, você descobre que pode transformar o cansaço em algo produtivo, e descobre o quanto é forte ao recordar seu abraço.

A jovem mãe na cama do hospital. Transitando entre a vida e a morte, tem um sonho com seus filhos e luta para sobreviver. Tem um progresso surpreendente e os médicos se perguntam: "O que teria contribuído para essa melhora tão rápida?".

Nando Parrado, um dos sobreviventes da tragédia nos Andes, tendo de lutar pela vida em condições extremas, conta em seu célebre livro *Milagre nos Andes* que o que deu forças para ele continuar forte foi a lembrança de seu pai. Já havia perdido a mãe no acidente, não queria que o pai tivesse que lidar com mais uma perda. Então se fez forte e, ao invocar a lembrança do pai, dava mais um passo.

Ninguém é forte sozinho. Por mais que desejemos ser donos e senhores de nossas vidas, é o olhar ou a lembrança do outro que nos fortalece para persistir e continuar. Ao invocar essa lembrança, aprendemos a reconhecer nossa identidade também. Pois desde muito cedo aprendemos a decifrar quem somos pelos olhos de nossos pais ou de quem nos criou. É esse primeiro olhar que nos ajuda ou atrapalha vida afora, aumentando, diminuindo ou dando real perspectiva a quem somos de fato. Da mesma forma, descobrimos que nossa força não é só nossa. Ela é impulsionada por outros mundos, que se cruzam ao nosso, mas ainda assim outros mundos.

E, ainda que não se ache quem pode ser nossa força nesta vida, sempre haverá Deus e nossa forma de falar com Ele, descobrindo que a oração é uma força poderosa.

Então vem um filme e revela, na voz do menino de cinco anos, que todos dependemos uns dos outros. De uma forma delicada, nos mostra que, embora haja uma corrida pela autossuficiência, é ajudando-nos mutuamente que podemos ser mais fortes.

    Mesmo que não haja gestos concretos como o de Jack, que corta seus cabelos para fortalecer a mãe, podemos reconhecer quem nos fortalece vida afora: nossos pais, filhos, amigos, amantes, companheiros, colegas de trabalho e até pessoas que já se foram. Cientes ou não, essas pessoas nos impulsionam a prosseguir da melhor forma possível e, acima de tudo, não permitem que haja dúvida ou desistência. Por elas somos mais fortes, e descobrimos que ninguém é forte – ou feliz – sozinho...

Mulheres especiais

No decorrer da vida, muitas mulheres cruzaram meu caminho. Minha mãe, minhas tias, avós, madrinhas, professoras, amigas, primas, colegas de trabalho e funcionárias. Magras, cheinhas, de cabelo tingido ou não, pele clara, pele negra, mestiças, altas, baixas, agitadas, calmas, revolucionárias, pacíficas, confiantes, desconfiadas... todas elas, sem exceção, deixaram sua marca, algo novo que me desafiou a querer me tornar o melhor tipo de mulher que eu pudesse ser.

Tive muita sorte. Lembrar minha infância é ter de volta as histórias contadas após a oração da noite, com minha mãe fazendo de nossa cama um ninho onde ela acolhia seus pequenos com paciência e amorosidade. Naqueles instantes, eu tinha um lampejo da mulher por trás da mãe, uma mulher que trabalhava fora, dirigia seu carro popular pelas ruas de paralelepípedos da cidade, ia ao banco e ficava horas na fila, administrava nossa casa, cuidava do meu pai e tinha fôlego para correr atrás da gente com um pano na cabeça fingindo ser a bruxa do rio. De vez em quando também aparecia com um permanente novo, estragando seus lindos cabelos lisos, mas dizia que "era moda" e a gente ria querendo discordar.

Depois vieram as avós, tias, professoras, primas, e uma infinidade de amigas. Aos poucos ia percebendo que desempenhavam papéis demais, acumulavam inúmeras funções, equilibravam mil pratos nas mãos, pés e cabeça. Mas, por trás de toda aquela parafernália, algo brilhava. Algo que podia ser distinguido no meio de uma conversa, entre um café e outro, nas conversas através dos muros entre nossa ajudante e as vizinhas, nos papos de minha mãe ao telefone, nas salas de aula, nas brincadeiras de rua. Onde havia uma mulher, havia uma força não explícita, mas ainda assim uma força poderosa, capaz de transpor muros e mundos por amor aos seus.

Mas o que faz uma mulher ser especial?

Uma mulher especial sabe que o mundo está longe de ser ideal, mas se encarrega de dizer "vai dar tudo certo" e arregaça as mangas para fazer o que lhe cabe para o dia terminar bem.

Uma mulher especial entende que não é possível abraçar todas as causas, mas nem por isso deixa de fazer sua parte. Ama, luta, ora e dá o seu melhor por aquilo que tem fé.

Uma mulher especial olha para o espelho e aceita suas imperfeições com bom humor, confiante de que pode driblar o tempo com muita bossa e borogodó.

Uma mulher especial se presenteia de vez em quando. Corta o cabelo, faz depilação, pinta as unhas de vermelho, experimenta uma roupa nova, lê um livro bom. Aprendeu, com a maturidade, que não precisa dar conta de tudo se primeiro não der conta dela. Faz exames, papanicolau e mamografia, toma um bom vinho e assiste a um filme novo no cinema.

Mulheres especiais usam salto alto, anabelas, sapatilhas, chinelos de dedo ou simplesmente andam descalças, certas de que não é o calçado que faz seus passos firmes, e sim a vontade de resistir, dia após dia, pé ante pé.

Uma mulher especial sabe que a vida é muito curta para ser levada a sério, e por isso releva pequenos dramas diários cantarolando uma música nova enquanto enfrenta o trânsito da cidade ou passa roupas na varanda.

Mulheres especiais estão em firmas, consultórios, empresas, comércios, hospitais, escolas e dentro de casa. São especialistas, aposentadas, patroas e empregadas. Sonham com a carreira, com mais tempo ao lado dos filhos, com a viagem para rever os netos e o pagamento no fim do mês. Comemoram vitórias, aumento de salário, carreira deslanchando, novas parcerias, um rebento a caminho. Sofrem com baixa remuneração, desvalorização, sobrecarga em jornadas triplas, filas nos hospitais, ônibus lotado, falta daqueles que ama. Trabalham, estudam, namoram, engravidam, choram, vibram, suam, tentam, resistem, vencem.

Uma mulher especial pode ser sua avó, sua mãe, sua irmã, sua tia. Pode trabalhar na sua casa, ao seu lado na empresa, ser sua chefe ou subordinada. Pode pegar o ônibus com você, estacionar o carro diante do seu na academia, ser a moça que pega o elevador e olha para o espelho encabulada todas as manhãs. Elas estão em todo lugar, num sorriso tímido na padaria ou num banco de jardim. Na igreja, no shopping, na estrada ou num café. Carregam consigo suas dores, alegrias, sonhos e desistências. Sabem que caminho seguir, mas nem sempre trilham a estrada correta. Tropeçam, caem, levantam e recomeçam. Amam, querem bem, se descabelam e se desesperam. Mas, acima de tudo, acreditam na força que carregam. Uma força que desperta nos momentos mais decisivos, e que permite que sejam, simplesmente, mulheres especiais...

O caminho do meio

A cabeleireira, de tesoura na mão, perguntou: "Corto curtinho, o mesmo corte de sempre?". E meu menino, me olhando agoniado, respondeu: "Dessa vez não corta muito não, quero deixar ele no tamanho médio". Eu, no meu canto, só consenti com um manejo de cabeça. Minutos depois saímos do salão, ele contente por ter mantido sua identidade capilar, e eu com a certeza de que nessa vida nem tudo é oito ou oitenta; no meio do caminho é que a gente é feliz.

Vivemos em busca da felicidade e nos esquecemos de que a realidade da felicidade está mais ao nosso alcance do que supomos imaginar. A realidade da felicidade é alcançável, palpável, disponível. A realidade da felicidade não está no auge, além de nossos limites e capacidades. Ela é mais terrena, mais amena, mais fácil e serena. Está no caminho do meio, entre o tudo ou nada que tanto nos desorienta.

Nos matriculamos na academia em busca de saúde e logo queremos estar sarados, hipertonificados, sem nenhuma gordurinha fora do lugar. Colocamos metas muito altas para nós mesmos e perdemos a saúde almejada tentando alcançá-la.

Procuramos um amor que goste de cinema e quando encontramos nos ressentimos porque ele não nos manda flores toda semana nem nos convida para dançar. Nos machucamos esperando grandes feitos e nos esquecemos de que o amor não obedece a cronogramas, não se concretiza no oito ou oitenta, não é melhor ou pior que aquele da tevê. Esquecemos que a união se faz durante a construção, as delicadezas se somando à luz do dia a dia.

Queremos ser ricos e bem-sucedidos, mas deixamos para usufruir nossos bens quando o ritmo de trabalho diminuir. Damos mais importância ao frenesi de conquistar/acumular do que simplesmente curtir. Esquecemos que é preciso pouco para ter a casa cheia de amigos ou encher o carro para uma viagem de férias com a família. Esquecemos que o equilíbrio está no meio do caminho, na oportunidade de usarmos o tempo a nosso favor, na alegria de podermos gastar aquele dinheirinho suado com quem a gente ama ou com aquilo que a gente gosta.

Nem tudo é oito ou oitenta, preto ou branco, tudo ou nada. Não precisamos exigir dos outros nem de nós mesmos esforços sobre-humanos. Nem tudo está em jogo, e a vida é uma conquista para quem sabe usufruí-la com serenidade, entendendo que a felicidade é feita de metas realistas, dentro daquilo que a gente pode construir e vivenciar de verdade.

Não espere cruzar mares ou escalar montanhas para encontrar sentido. Não imagine seu coração disparando toda vez que encontrar a pessoa que escolheu para passar o resto da vida com você. Não almeje o corpo da revista nem o cabelo da modelo do comercial de shampoo. Não viva programando a felicidade como se ela fosse a meta, não o caminho. E, finalmente, autorize que a alegria seja bem-vinda, ainda que seus dias sejam comuns...

Dez anos

Domingo de Páscoa é seu aniversário e, entre ensiná-lo sobre o sentido espiritual deste dia Santo e brincar de esconde-esconde com ovos de chocolate, fico admirada ao perceber que já se foram dez anos.

Ter um filho é rever os próprios passos com outros pés; é reciclar um pedaço de nós mesmos numa estrada paralela; é tentar perpetuar o que foi bom e não querer repetir o que foi ruim.

A gente sempre pensa que trilhou uma estrada semelhante à que o outro está trilhando, mas não é verdade. Assim como as digitais de seu polegar, cada pessoa tem um caminho único, que só pertence a ela, a mais ninguém. Por isso, por mais que eu tente me ver refletida em você, saiba que só você pode alterar ou dar sentido ao que de bom ou ruim lhe acontece. Só você pode acessar as profundezas de si mesmo e lidar com o que há dentro de seu coração.

Sabe, a gente reivindica, luta, discorda, não aceita, se une e desune mais vezes do que supomos imaginar, mas, antes que você se desgaste, aprenda que existem dois pilares que podem lhe conduzir a uma existência mais calma e serena: a paciência e a tolerância.

Paciência com o tempo de cada coisa, entendendo que os desfechos não se concretizam no nosso tempo, na hora que a gente quer. Eles acontecem aos poucos, mais ou menos como diz aquela frase: "É devagar que vai dando certo". Então não antecipe sua vida nem tenha medo de um final não muito feliz. Confie em Deus e aproveite seus dias com calmaria, reconhecendo os pequenos milagres que a vida nos oferece diariamente.

Tolerância com o que não é da nossa vontade, mas ainda assim temos que aceitar. Como quando a gente se machuca. A gente não quer aquilo, não quer sentir dor, não deseja aquela cicatriz. Mas ela está lá, mais real do que nunca. Como dizia minha mãe, "o que não tem remédio, remediado está". Tolerância é isso. Mesmo que a gente sinta um pouco de dor, a gente aceita. Mesmo que machuque um pouco, a gente enfrenta. Mesmo que deixe cicatriz, a gente acolhe.

Antes que eu me esqueça, é importante que aprenda, antes de mais nada, a ser paciente e tolerante consigo mesmo. Quantas vezes somos gentis com desconhecidos e intolerantes com quem mais amamos ou até com nós mesmos? Então aceite suas incompletudes, os momentos em que você terá que desistir de um sonho, as horas em que não conseguir atingir um objetivo. Seja paciente consigo mesmo. Não exija demais de si, e saiba se perdoar quando o chão estiver liso demais e você escorregar nele. Não fique remoendo por que você não viu a placa de "piso molhado" que estava bem à sua frente. Erros fazem parte do pacote, e perdoar-se é saber cuidar de si mesmo com amorosidade.

Cuide de você.

Na vida conheci pessoas que não sabiam cuidar de si mesmas. E o fato é que elas não me passavam segurança. Eu olhava para elas e sentia que estavam num barco furado, porque parecia que tinham desistido de remar, e o rio não esperava por elas.

Por isso eu lhe digo: nunca pare de remar. Isso é saber olhar para si mesmo e se cuidar. Não deixe seu barco ir para onde a água quiser levá-lo. Tome você os remos e dê a melhor direção que puder dar. Cuide de seu interior e exterior. Seja vaidoso na medida e aprenda a se agradar. Faça terapia se puder, ore, medite, pratique algum esporte. Corte o cabelo e escove bem os dentes. De vez em quando escolha um perfume novo e varie o aroma do sabonete. Escute música, assista a bons filmes, viaje bastante. Use protetor solar e carregue sempre um livro na mala de mão. Beba com moderação e faça um brinde à vida quantas vezes puder. Escolha bem ao que vai assistir na tevê e não se desequilibre por pouca coisa. Tome uma xícara de café pela manhã e entregue seu dia a Deus antes de sair de casa. Reme, reme, reme...

Domingo faremos um brinde à Páscoa e outro a você. Quero olhar bem no fundo de seus olhinhos brilhantes e lhe desejar saúde. Não somente a saúde do corpo, mas também da mente e do espírito. Que você possa conviver com a escassez de respostas para algumas de suas questões mais profundas. Que você entenda que a vida é a jornada mais bonita e mais dura que alguém pode trilhar, e só você pode dar a medida para a dureza ou beleza que ela terá. Que você encontre mais motivos para sorrir, dançar e cantar do que motivos para se recolher e se guardar. Que tolere as dúvidas e incertezas com serenidade, e comemore com alegria cada ano vivido. Seja feliz!

Com amor, sua mãe.

A culpa não é do mundo

Tenho dificuldade em lidar com pessoas que se fazem de vítimas. Tenho preguiça de conviver com gente que não assume seus erros e aponta o dedo para o outro, atribuindo-lhe a culpa pela maioria de suas dificuldades e fracassos.

Infelizmente tenho me deparado com gente assim. Gente com cheiro de naftalina que culpa o passado pelas dores do presente. Gente que não areja a casa, não abre as janelas e não perfuma o ar.

A culpa não é do mundo. A culpa não é do outro. A culpa não é sua. Mas está em suas mãos transformar o que quer que esteja lhe incomodando. Está em suas mãos encontrar recursos que possam lhe tirar da tristeza, do desânimo, da depressão. Que você busque ajuda, vá ao médico, tome um medicamento. Que você ore, medite, entregue seus caminhos a Deus. Que você corra, pedale, nade. Que você aprenda uma língua nova ou vá cuidar de um jardim. Que você viaje ou prepare aquela receita afrodisíaca da internet. Mas que entenda que não pode apontar o dedo na cara de ninguém, nem dizer que é infeliz por culpa deste ou daquele.

Todo mundo carrega dores, fissuras, danos. O que torna alguns mais leves que os outros é a capacidade de lidar com o que restou. A capacidade de transformar os cacos em novos vitrais. A capacidade de olhar para a frente e encarar com otimismo o que virá.

De vez em quando a gente tem que lavar o corpo e ensaboar a alma. Deixar a água escorrer pela pele e levar embora o que não enobrece. Lavar o que diminui e escorrer o que empobrece. Limpar os recantos da dúvida e perfumar a pele com a clareza do hoje. Limpar, arejar, lavar, renovar.

Nem sempre nosso balde está cheio daquilo que a gente deseja. A temperatura da água pode estar abaixo ou acima do que a gente gosta, e o sabão não faz a espuma que a gente acha que merece. Mas quem disse que tudo correria conforme o planejado? Quem disse que para viver não seria necessária uma boa dose de humildade? Então tome posse do que lhe foi reservado, e dê graças a Deus por ainda existirem possibilidades. Lave, ensaboe, deixe escorrer e limpar...

Que você faça as pazes consigo mesmo e perdoe o passado. Que perceba que é o único responsável por sua alegria e satisfação, e assim possa sentir-se pleno mesmo que as coisas não caminhem conforme a sua vontade. Que encontre seu tamanho no mundo, sem supervalorizar suas dores, seus traumas, seus rancores.

E que, lavando o cheiro de ontem, abra espaço para novos perfumes, alegrias inéditas que só quem se ama de verdade autoriza-se experimentar...

O corpo fala e a vida cobra

De quantos novelos somos feitos? Quantos nós ainda teremos que desatar?

Tenho pensado nisso há um bom tempo, mas ficou mais evidente na última semana, quando minha mãe, subitamente, nos deu um susto. Com crises fortíssimas de labirintite, foi parar no hospital. E a causa veio em seguida: ansiedade.

Nossa vida é uma manta composta de muitos novelos, e as tramas se cruzam compondo o derradeiro desenho. De repente percebemos que não é possível separar as linhas, que não dá para individualizar as cores, pois tudo se transforma numa coisa só.

Assim também não guardamos em compartimentos individualizados cada porção daquilo que nos acontece ou afeta. Não existem gavetinhas onde arquivamos capítulos dos dias vividos ou explosões de sentimentos experimentados. Ao contrário, cada capítulo interfere diretamente no outro e no todo, bagunçando ou alinhando a estrutura de nossa manta.

A paleta de cores de minha mãe, antes tão organizada e com cada cor em seu lugar, foi bagunçada. Sem se dar conta, seu pincel dançou uma dança só dele, e misturou todas as tintas de uma só vez. Não teve como o corpo não falar. A aparente calmaria foi alterada sem aviso prévio; o curso de seu mar se rebelando contra a força de seus remos.

Não podemos fugir de nossa história. Daquilo que é colocado à nossa frente e precisamos atravessar. Nem sempre o caminho é limpo, livre de vendavais e espinhos. Nenhuma travessia está livre disso. Tentar apaziguar as intempéries da jornada agindo como se não houvesse tropeços é o mesmo que tapar os ouvidos e acreditar que os barulhos deixaram de existir. A existência grita, a existência cobra, a existência chama. É preciso ouvir o compasso das emoções sem receio do que há lá no fundo. É preciso suportar os vazios e respeitar a dor, tendo sensibilidade para despir-se das proteções costumeiras e mergulhar nu no silêncio carregado de mistério que há dentro de nós.

    O corpo fala e a vida cobra. Se não nos permitimos um pouco de silêncio e solidão, respirando devagar e dando a mão aos pedidos da alma, adoecemos. É preciso não ter medo de se aprofundar. Ousar desconstruir-se para então se resgatar. Entender que somos feitos de muitos novelos, e que não é possível imaginar a colcha completa sem o entrelaçamento de todos os pontos, arremates e nós.

    E, mesmo sabendo que os nós se atam e desatam a todo instante, é possível continuar tecendo essa manta incrível que é a vida. Encarando os desafios como empurrões para um desfecho melhor dos nossos dias, e acreditando firmemente que desmanchar alguns pontos ou recuar algumas casas não significa fracasso, e sim novas chances de reencontrar a si mesmo, mais crescido, mais completo e provavelmente mais feliz.

Sabedoria é não deixar alguém te amar menos do que você se ama

Acho que foi no filme *Comer, Rezar, Amar* que ouvi uma frase semelhante a esta: "Equilíbrio é não deixar alguém te amar menos do que você se ama". A frase me fez recordar os relacionamentos ruins que tive ao longo da vida, e perceber o quanto amadureci.

Assim como a maioria das pessoas, já estive em relações ruins. Era tempo de tentar remar o mais forte que podia para o barco não afundar, tempo de relevar imperfeições que condenavam qualquer forma de amor, tempo de valorizar migalhas acreditando que eram manifestações de afeição.

Porém, o amor não se constrói com migalhas.

O amor não se sustenta na vã esperança de que aquela fagulha de luz voltará a brilhar.

O amor não acontece quando os pratos da balança pendem somente para um lado.

Amor é equilíbrio, respeito, admiração e parceria. Mas só tem a noção disso quem se respeita, se admira e se tolera.

Uma das verdades que eu aprendi com o amadurecimento foi esta: não permita que te amem menos do que você se ama; e não ame a si mesmo menos do que deveria.

Não aceite narrações nas quais você não exerce seu melhor papel. Não construa enredos em que você é a personagem sofredora, que implora por uma chance ou tem a "missão" – ingrata! – de mudar a cabeça e o coração do vilão.

Entenda isso: você não tem a missão nem a responsabilidade de mudar ninguém. Pare com essa "síndrome de tapetinho do quintal" que tudo aguenta, tudo suporta, tudo releva em nome de uma relação falida.

Você tem que se amar em primeiro lugar. E esse amor tem que lhe proporcionar paz, bem-estar, tranquilidade, certeza.

Qualquer falta de certeza não é amor.

Pode parecer amor, porque agita o coração e acelera a respiração, mas justamente por isso não é amor.

Amor nos dá a certeza de que fizemos a escolha certa, nos tranquiliza para continuar apostando nesta relação, nos enche de confiança de que somos amados na proporção correta e verdadeira.

Eu não me amava o suficiente. Por isso aceitava amores pequenos, que me tiravam a paz e faziam-me dar braçadas sem sair do lugar. Precisei encontrar um amor verdadeiro, que me ama mais do que eu ousava me amar, para eu aprender a gostar de mim verdadeiramente. Hoje olho para trás e percebo quão pequeno era meu afeto por mim.

Mas ainda assim, minha intuição me dizia que algo muito bom me esperava lá na frente. Por mais difícil que fosse, eu estava aberta a receber o melhor. E por isso soube reconhecer o amor.

Reconhecer o amor depende também do quanto a gente se ama. Pois só reconhece bem o amor quem permite que as fronteiras da autossabotagem sejam rompidas.

Só reconhece bem o amor quem deixa de se proteger das boas surpresas e entende que também é digno de respeito e afeição.

Só quando me amei de verdade fui capaz de autorizar que a alegria fosse bem-vinda, e que alguém que me amasse de verdade pudesse enfim chegar... e ficar.

Da vida quero o melhor

Houve um tempo em minha vida em que eu não sabia desejar. Desejava pouco, não me achava à altura de receber tanto, e não estava pronta para querer o melhor.

O algodão-doce, com aquela textura que desmancha na boca e enche os olhos, não era para mim. Preferia brincar de riscar o chão com o palito que sobrava a me lambuzar com o açúcar colorido daquela nuvem açucarada.

Imaginava que podia ser feliz sem desejar muito. É certo que podia, mas será que lá no fundo eu não tinha medo de ser feliz por completo?

O medo de desejar e não conseguir, a dúvida de correr o risco de me frustrar e a pequena estima que eu tinha por mim mesma me isolavam de tudo de bom que a vida me reservava.

Mas a vida me surpreendeu, e me deu de presente o algodão--doce inteiro, gigante, colorido e muito açucarado.

Aprendi a aceitar os presentes da vida. Aprendi a permitir que a doçura me encontrasse e saciasse meu paladar. Aprendi a não recusar o melhor que pode me acontecer, e finalmente entendi que mereço boas surpresas sem me sentir endividada.

A autossabotagem é muito perigosa. Diferentemente da humildade, que aceita e agradece, a autossabotagem é orgulhosa, afasta as boas surpresas e se presenteia com avareza. Aceita farelos, recusando a fatia inteira por não ter aprendido a reconhecer-se merecedor.

Quero mais nuvens de algodão em minha vida. Quero pedaços inteiros derretendo em minha boca e sujando meus dedos. Quero açúcar colorido borrando meus dentes e enfeitando minha língua. Já não me contento em riscar o chão usando o palito do algodão-doce que não provei.

Que você deseje o melhor da vida e descubra que não há mal nenhum em aceitar a felicidade inteira, doce, completa.

Que você recuse o café morno, o vinho insosso, o leite rançoso.

E perceba que merece o dia que começa com um bule cheio de café quentinho, xícara de porcelana, beijo de bom dia, pãozinho da padaria, roupa que serve, sapato que não aperta, cabelo que coopera.

E, enfim, que reconheça que não há mal nenhum em desejar o melhor da vida a si mesmo.

A vida e os algodões-doces agradecem...

Eu não me arrependo de você

Outro dia ouvi Caetano cantando "eu não me arrependo de você..." e enfim constatei que o tempo passou, que as mágoas se dissiparam e que restaram boas lembranças para eternizar o tempo bom que vivemos.

Eu não me arrependo do dia em que lhe vi pela primeira vez, do instante em que sua mão alcançou a minha, da fagulha de tempo em que nossos pensamentos acreditaram que seria pra sempre.

Eu não me arrependo das horas passadas ao seu lado, das histórias lindas que pensávamos ser eternas, das promessas que jurávamos cumprir um dia.

Eu não me arrependo e sei que você não se arrepende também, pois o que foi escrito permanece, e, mesmo que o tempo passe, nada apaga os risos, os sonhos, as alegrias tímidas que um dia fizeram parte de nossos planos.

Eu não me arrependo de ter lhe dado minhas horas, meus momentos, uma estação de minha existência.

Não me arrependo porque sei que houve momentos em que você pensou cuidar de meus minutos com cuidado, e por alguns instantes você soube fazer deles felicidade, e, mesmo sem intenção, trouxe paz para meu coração.

Nada pode desmentir o que a gente construiu, e, mesmo que não tenha sobrado nada agora, você sabe que as lembranças carregam beleza, carregam carinho, carregam uma porção de nós que não vai se perder no caminho.

Eu não me arrependo do que sofri, do que chorei, do que errei. Só assim pude entender que meu caminho é outro, que mesmo te levando comigo minha história é diferente da sua; que mesmo doendo, é longe de você que posso me recriar e me encontrar de verdade.

Eu não me arrependo de você porque ao seu lado cresci, amadureci, aprendi a perdoar e a entender que a tristeza do fim faz parte da história do amor.

Eu não me arrependo das brigas, das vozes elevadas querendo ter alguma razão, das vezes que jurei negar o seu perdão. Não me arrependo porque me ensinaram a me amar sem restrição.

Eu não me arrependo de você, do seu sorriso, do seu abraço. Tudo foi aprendizado, me levou ao amor de hoje, o amor que eu amo e me ama de fato.

E não me arrependo do que restou, da amizade que ficou, da lembrança boa que deixou.

Espero que siga sem arrependimento também, pois fui o melhor que consegui ser naquele momento. E, mesmo não sobrevivendo, foi o amor que selou um tempo...

Silêncios que ferem

Alguns silêncios falam. Gritam tão alto que são capazes de transmitir mais sentimentos que muitas palavras ditas ou escritas.

Traduzem o fim de um tempo, a indiferença natural ou forçada, a necessidade de ser notado ou esquecido.

"Todo silêncio tem um nome, tem um motivo...". A frase, atribuída a Clarice Lispector, tem muito a dizer. Pois o silêncio pode ser sintoma de saudade, de "sinto a sua falta, mas não há mais nada a ser dito"; ou mágoa: "fui ferido por você, e em vez de revidar com palavras lhe dou o meu silêncio"; ou, finalmente, indiferença e frieza: "meu silêncio é minha alma tranquila e em paz longe de você".

Silêncios falam alto para quem espera por uma resposta. É a mensagem visualizada e não respondida mesmo passadas 72 horas, é o sumiço de alguém que costumava fazer barulho o tempo todo, é a falta daquela risada deliciosa, é a impossibilidade de ir atrás de alguém que não quer mais ser encontrado.

O silêncio é uma arma poderosa mesmo para quem não tem a consciência de estar numa batalha. Porque dentro do silêncio cabem inúmeras interpretações, e pode enlouquecer quem fica esperando só, com suas inquietações.

Mas também pode ser o empurrãozinho que faltava para aquele que espera virar o jogo. Porque ser tratado com silêncio demorado é viver enclausurado. É aceitar o cárcere da falta de conclusões e respostas, é permitir ser manipulado pela ausência de sinais. E talvez seja hora de descobrir que quem muito se esconde uma hora deixa de ser lembrado.

O silêncio é necessário e carrega inúmeros significados. Mas, quando é usado para manipular e ferir, deixa de seguir um caminho de coerência com o coração para ser uma arma inconsequente da razão.

Nem todo mundo ama da maneira certa, e muita gente se apega aos amores rasos e errados. Há que se ter cuidado com o silêncio. Com o silêncio que provocamos ou que é provocado em nossa vida. E coragem para abandonar silêncios que ferem, pois o bom da vida é encontrar respostas no amor que damos e de graça ofertamos...

"Como inventar um adeus, se já é amor?"

Outro dia, tardiamente, conheci a canção "Morada", de Sandy e Lucas Lima. A música é doce e a melodia é delicada... Ao ouvir um trecho no Instagram da cantora, me comovi. Pois todos nós, com raras exceções, já fomos "cortados pela raiz" mesmo após ter "dado flor".

E fica sempre a dúvida: "como inventar um adeus?", ou como seguir em frente quando tudo que a gente queria era permanecer, ver dar frutos, florir?

A gente sempre imagina que plantou flores em solo fértil, e chora em silêncio quando percebe que farto era só o nosso desejo.

A gente sempre vai ter um pouco de saudade daquilo que ficou por viver. Das histórias que a gente construiu no coração, mas que não sobreviveram para virar realidade. Dos sonhos que a gente plantou, mas não tiveram força para se tornar verdade.

De vez em quando é essencial fazer pactos com o adeus. Cortar pela raiz mesmo ferindo e doendo. Aceitar a morte de um tempo, tolerar a decisão de seguir adiante sem a companhia escolhida e permitir a ferida da despedida.

O adeus também é feito de corações que se amam, de almas que se entendem, de rios que correm lado a lado.

É preciso força, fé em Deus e maturidade para não sangrar. Para entender que a paz do encontro foi trocada pela inquietação da despedida; para aprender a ficar em silêncio quando muita coisa já foi dita; para recolher-se em cuidado e proteção; para permitir-se ser curado com colos e abraços de mãe ou de amigo querido; para aceitar carinhos em forma de café fresquinho ou taça de vinho tinto; para aprender a respirar sem dor; para novamente florescer sentindo amor.

A gente tem que entender que certas feridas irão existir para sempre, não importa quanto tempo passe. A boa notícia é que param de doer. Mas a cicatriz permanece lá, como um lembrete de que fomos modificados para sempre.

Um dia a gente olha para trás e entende que a vida também é constituída de finalizações e despedidas. E que isso faz parte do que somos também. Pois o bonito da existência é perceber que nascemos diamante bruto, e que o tempo permitiu que fôssemos lapidados com alegrias e tristezas, começos e términos, crescimento e poda, realizações e saudades...

Com o tempo à gente aprende a ter consciência sobre quem somos, sobre nossos gostos, nossas preferências, nossa maneira de ser e estar no mundo.

As pessoas só nos atingem quando damos esse poder a elas

Com o tempo a gente também aprende que algumas opiniões nos afetam mais que outras, que algumas pessoas vão nos ferir e magoar mais, que precisamos da aprovação alheia para sermos quem somos. Porém, com mais vivência ainda, descobrimos que somos nós que damos ao outro o poder de nos direcionar, de nos ferir, de nos magoar. E que não há como mudar o que o outro pensa ou faz. A única coisa que podemos fazer é mudar a forma como reagimos a tudo isso.

Ainda muito jovens, nos submetemos à opinião da turma de amigos (tão perdidos quanto nós) e vamos moldando nossa personalidade com base no olhar de quem nos aceita ou não.

Porém, é preciso aprender a se proteger. A fortalecer o nosso espírito a ponto de não estar vulnerável ao que pensam ou deixam de pensar a nosso respeito.

Uma coisa é pedir uma opinião a alguém e trocar de roupa, mudar o cabelo ou alterar a foto de perfil do WhatsApp em virtude dessa opinião. Outra coisa bem diferente é ficar inseguro, triste, enfurecido ou deprimido diante da opinião do outro.

Se ele tira a sua paz, é porque você permite. Se ele tem o poder de te irritar ou entristecer, é porque você autoriza. Se ele te magoa ou diminui, é porque você deu esse poder a ele. Se ele te faz se sentir humilhada, é porque você não estabeleceu limites.

As pessoas só nos atingem quando damos esse poder a elas. Quando lhes oferecemos as chaves de nossa autoestima e sabotamos a confiança que temos em nós mesmos e em nossas escolhas, condicionados ao olhar de aprovação ou desaprovação do outro.

A culpa não é do outro de você se sentir diminuído. Não é o outro que tem o poder de estragar o seu dia ou te colocar para baixo. Fique longe de frases do tipo: "Algumas pessoas têm o poder de nos diminuir...". Não! Quem deu esse poder a ele foi você. E quem se sente diminuído diante da opinião ruim – ou, como dizem por aí, da asneira – do outro também é você.

Vamos nos tornando mais sábios à medida que organizamos nosso pensamento para não aceitar qualquer julgamento que nos desmereça ou diminua.

Vamos enriquecendo nossas vidas a partir do momento em que consideramos nossas escolhas com certeza e confiança, e não vacilamos diante da primeira crítica descabida.

Vamos amadurecendo quando descobrimos nosso valor, independentemente do que nos fizeram acreditar, e não nos desmerecemos ou invalidamos nossos dons diante das desaprovações alheias.

Que possamos ser como poeira, que dança ao sabor do vento, mas não permite ser moldada por ele. E deixemos de ser barro, que pode ser modelado e remodelado por outras mãos, nem sempre certeiras e amorosas.

Que a gente aprenda a ter ouvidos para as críticas e opiniões, mas não se sinta diminuído diante do primeiro olhar de desaprovação.

Que a gente saiba discernir o que é dito para nosso bem e o que é colocado para nos ferir. E que possamos dar ouvidos somente ao que acrescenta e melhora.

E, finalmente, é necessário estabelecer limites. Não permitir que pisem em seu tapete branco felpudo com solas sujas de barro. Entender que a culpa de o seu tapete ficar encardido não é só do outro, mas também sua, que não teve a capacidade de pedir para tirarem os sapatos.

Afaste-se de quem não faz bem e cuide de seu território com carinho. Proteja sua vida, sua alma, seus canteiros. Se proteja não dando ouvidos a qualquer crítica; se proteja dando limites; se proteja não aceitando como fato qualquer opinião.

Se recuse a afundar e ame-se em primeiro lugar. Essas são as únicas coisas que você realmente pode fazer. Acredite, você consegue!

Ninguém morre de amor

Depois de certo tempo você percebe que o amor, por mais bonito que seja, é vulnerável e pode acabar. Por isso há que se cuidar do amor. Ter cuidado com as palavras, pensamentos e ações. Não permitir que qualquer um se aproxime e possa entrar com seus palpites e soluções. Resguardar a intimidade e relevar os desencantos. Celebrar as alegrias e dissipar o pranto.

Depois de certo tempo e alguma vivência, você também percebe que ninguém morre de amor. Que o fim de uma relação pode doer, machucar, deixar marcas profundas. Mas a gente sobrevive. A gente sobrevive e se torna mais resistente. A gente sobrevive e aprende a buscar novas alternativas para a dor do presente. A gente sobrevive e, com sorte, volta a querer amar de novo.

Ninguém morre de amor. É certo que virão saudades e lembranças, recordações e esperanças, mas é preciso seguir em frente.

E para seguir em frente é preciso sepultar o amor de antes. Enterrar bem fundo para que não ressuscite com falsas esperanças. Chorar o fim de um tempo, se vestir de luto, encontrar no meio do caos um reduto.

O amor morreu, mas você não. E isso tem que ser o bastante para você querer todas as coisas que lhe fazem sorrir. Pois o que machuca não pode lhe definir. O que magoa não pode lhe conduzir. O que partiu não pode lhe destruir.

Ninguém morre de amor e você também não vai morrer. Eu sei que está doendo muito agora e disseram que o tempo cura tudo, mas você sente que não está curando nada. É que cada um tem o próprio tempo de recuperação, mas ela acontece, mais cedo ou mais tarde, deixando uma cicatriz tão visível quanto foram as lembranças. Uma cicatriz que irá coçar de vez em quando, mas nunca mais irá doer como antes.

Por fim, me lembrei de Caio Fernando Abreu e sua sabedoria. Da frase em que ele diz: "Se algumas pessoas se afastarem de você, não fique triste, é a resposta da oração 'livrai-me de todo mal, amém'".

De vez em quando a gente quer "morrer por dentro" porque uma relação chegou ao fim. O que a gente não enxerga são os presentes que a vida nos reserva. Presentes que podem vir da descoberta de que perder alguém foi a melhor coisa que nos aconteceu.

Então sejamos gratos por quem se despede e por quem permanece. Pela oportunidade de sairmos modificados, mas ainda assim inteiros, do fim de uma relação. Pelo dom de superarmos as ausências, faltas e falhas do amor. E pela bênção de aos poucos reconhecermos as mãos de Deus nos livrando de todo mal...

Certas histórias têm que ficar no passado

Pedro Ynterian, um cubano residente no Brasil e antigo líder estudantil em Cuba na década de 1960, revelou ao programa *Fantástico* que em 1962 arquitetou um plano para matar Fidel Castro. Ao final da entrevista, questionado pela reportagem, ele disse: "Certas histórias têm que ficar no passado".

A afirmação me fez refletir. Pois, apesar de travar uma batalha diária para focar no hoje e absorver com poesia o instante presente, tenho uma tendência à nostalgia.

Porém, algumas histórias não podem sobreviver. Têm que se despedir de nós do mesmo modo que o tempo.

Seja porque nos feriram, seja porque ferimos alguém, seja porque doeram, seja porque ainda doem... o fato é que nem toda história merece ser carregada ou guardada.

Há que se ter cuidado com as bagagens. Andar com mais suavidade levando apenas partes de nós mesmos que nos fazem bem. Despir-se de mágoas, ressentimentos, culpas e rancores. Carregar somente a parte da nossa história que pode ser curada. Perdoar e pedir perdão, zerar as dívidas com as sombriedades que carregamos e não se apegar a sentimentos que perderam o prazo de validade.

Algumas histórias têm que ficar no passado para que a gente encontre sentido e poesia no presente. Para que a memória não se sinta aprisionada num lugar de dúvidas e dor. Para que, ao dormir, os sonhos não sejam povoados por uma identidade que não nos define mais.

Nem tudo a gente deve carregar. Nem tudo merece espaço na nossa lembrança e afetividade. Alguns fatos, acontecimentos e até mesmo algumas pessoas devem ser esquecidos para que a vida encontre seu curso, trazendo as boas surpresas que só quem tem espaço na mala vai conseguir carregar...

Aprenda a conviver com as escolhas que você fez

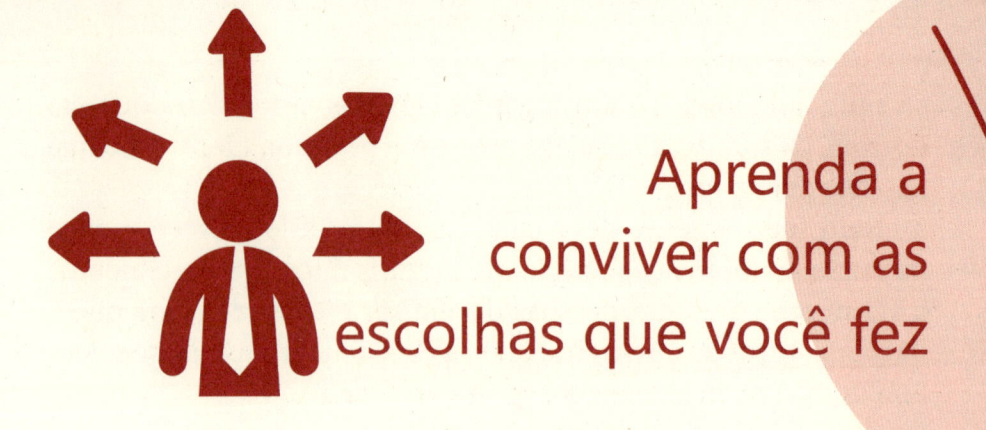

O fim de ano vem chegando, e com ele a expectativa por dias novos, esperanças inéditas e escolhas certeiras, que nos levem a um lugar melhor.

Alguém já disse que somos a soma de nossas escolhas, mas será que sabemos conviver com aquilo que escolhemos? Será que sabemos arcar com as consequências de termos escolhido este caminho em detrimento daquele?

O que tenho visto por aí é muita gente insatisfeita com os castelos que construiu. Muita gente sonhando com um castelo robusto, imponente, glamoroso... sem se dar conta dos tijolos que possui.

Por meio de nossas escolhas vamos lapidando nossas vidas. É verdade que nem sempre escolhemos certo, e faz parte do crescimento aprender a lidar com as consequências de nossas escolhas. É assim que aprendemos. É assim que aprimoramos nossa sensibilidade para descobrir o que nos realiza.

Às vezes o que nos falta é entender que a vida é feita de altos e baixos mesmo, e não desistir de tudo só porque parece que os dias não estão sorrindo à toa como a gente gostaria.

Escolhemos um caminho e esperamos que ele vá sanar todas as nossas dores, angústias, desassossegos. Mas não é assim. A vida é construção, e nos tira muitas vezes do chão. Nos desafia a lutar, aceitar, recomeçar. Nos abraça e nos derruba. Nos levanta e nos estimula.

Uma hora estamos por cima, outra hora nadamos tentando respirar apesar das ondas que querem nos afundar. Mas o bonito da existência é perceber que resistimos. Que, apesar das dificuldades, conseguimos dar braçadas, uma a uma, e colocamos o rosto de lado para buscar o ar. E assim chegamos à praia. Cansados, mas vitoriosos. E sempre mais fortes.

Tenho escolhido muito também. E, apesar de ouvir muitas vezes que tenho sorte, reconheço que fui abençoada com a capacidade de fazer boas escolhas. Com a facilidade de conviver bem com as escolhas que fiz, sem ficar lamentando que o outro caminho (aquele não escolhido) me faria mais feliz. Porque não basta saber escolher. É preciso amar cada tijolinho do castelo que construiu.

Que a gente aprenda a amar o lugar em que se encontra, apesar dos tropeços, desvalorizações, dificuldades. E que a gente consiga tirar proveito dos momentos, mesmo que eles não sejam tão perfeitos como a gente gostaria. Que a gente não se ressinta do caminho que seguiu, nem viva de buscar tesouros onde a gente não plantou. Vida requer luta, coragem, determinação. Quem não entende isso sempre vai lamentar as escolhas que fez e imaginar que merecia outra vida.

O ano vai chegando ao fim e precisamos nos lembrar: Deus nos dá dons, talentos. É necessário saber fazer esses dons darem frutos da melhor maneira possível. Só assim estaremos aptos a receber mais. Quem não multiplica seus dons, mas, ao contrário, enterra-os esperando que assim milagrosamente frutifiquem, perde o que ganhou. Já aquele que usa seus dons e tem paciência de esperar o tempo da colheita, sem se ressentir dos sacrifícios que fez, esse terá o que buscou.

Que venham o ano-novo, os novos caminhos, as novas escolhas. Que a gente saiba escolher com prudência e reflexão, e que valorize cada passo que der no chão. Nem todo caminho é livre de dissabores e alegrias, mas é preciso amar o que nos cabe com sabedoria...

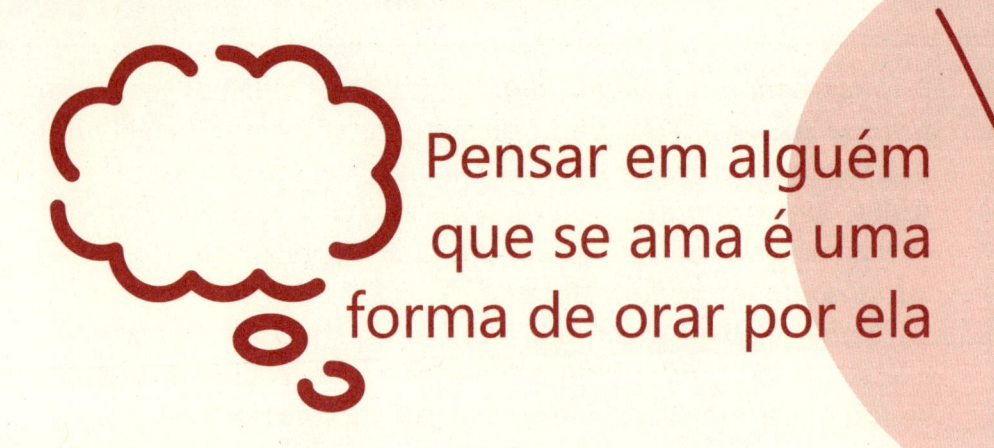

Pensar em alguém que se ama é uma forma de orar por ela

Fechando ciclos, encerrando histórias e permitindo que o tempo faça o trabalho dele, seguimos para mais um ano. Olhando para trás, percebemos que a música nem sempre foi constante, mas aprendemos a dançar conforme o ritmo, acelerando um pouco mais durante os acordes complexos e fluindo suavemente quando a música permitia.

Nem todo movimento foi perfeito. Alguns tons graves também fizeram parte da melodia, e a gente correu o risco de chorar um pouquinho enquanto a música fluía.

Este ano, o marido de uma grande amiga ficou doente. Ela estava triste, desanimada, sem forças. Em certo momento me disse: "Não estou conseguindo rezar por ele". Não era falta de vontade, e sim falta de esperança. Então me deparei com uma frase atribuída à Santa Terezinha: "Pensar em alguém que se ama é uma forma de orar por ela". E disse isso à minha amiga. Que ela pensasse nele com amor. Que ela o carregasse em seu pensamento. E assim estaria orando por ele.

Junto me veio à lembrança outra frase, do filme *Comer, Rezar, Amar*. Em certo momento, um dos personagens diz à Liz: "Mande luz e amor toda vez que pensar nele. Depois esqueça". A frase me fez lembrar as pessoas que amamos e por alguma razão não estão mais ao nosso lado. Talvez seja hora de orarmos por elas.

Talvez seja hora de mandarmos luz e amor a cada pensamento que tivermos acerca delas.

Nem sempre é fácil assimilar o fim de uma relação. Ficamos dependentes, com saudade, com muita vontade de ligar, encontrar, mandar uma mensagem. Temos que lidar com a impossibilidade e com a imperfeição. Talvez seja hora de transformar nosso pensamento e vontade em oração. Hora de mandar energias positivas a essa pessoa e enfim colocarmos a cabeça no travesseiro e dormir.

Seu coração pode ter sido despedaçado, mas uma das formas de você se reerguer é desejando o bem da pessoa que se foi.

Por mais que doa, transforme o pensamento em luz. Por mais que sinta falta, transforme a saudade em oração. Por mais que tenha descosturado as coisas dentro de você, transforme a dor em amor.

O fim do ano nos permite reavaliar a rota e nossos passos com clareza. Permite que, ao encerrarmos um calendário e começarmos outro, encerremos também muitas coisas dentro de nós.

Que possamos deixar para trás o que torna nossa bagagem mais pesada: mágoas, decepções, saudades vazias e dores de um tempo que se extinguiu. Que toda dúvida seja dissipada e toda angústia seja transformada.

Não espere chegar o dia de ferir quem te feriu, de magoar quem te magoou, de estar por cima enquanto alguém se afunda. Em vez disso, transforme seu pensamento em prece. Envie luz e amor toda vez que pensar nessa pessoa e depois esqueça.

Deixemos morrer o frio da indiferença, o silêncio da ausência, o vazio da descrença. Que o telhado de nossas alegrias nos dê abrigo e nos proteja do que não traz conforto e paz. E que, virando a última folha do nosso calendário, possamos pensar no tempo não só como um período de recompensas, mas também de ajustes, perdão, oração e reconciliação – com quem fomos e com quem queremos ser...

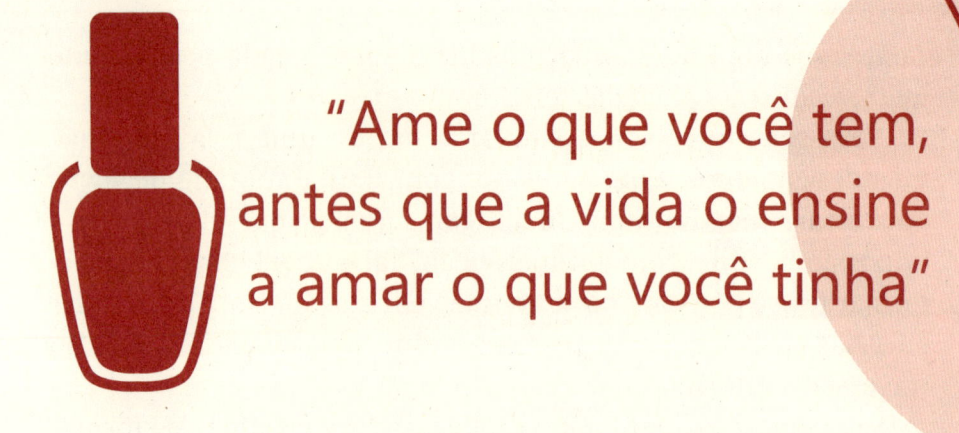

> "Ame o que você tem, antes que a vida o ensine a amar o que você tinha"

Tenho mania de tirar o esmalte das unhas. O esmalte está lá, todo bonito e reluzente, e de repente minhas mãos distraídas riscam a textura cintilante que recobre a ponta dos meus dedos. Absorta em meus pensamentos, só percebo o estrago tempos depois, o que gera arrependimento, constrangimento e alguma tristeza.

Do mesmo modo, muitas vezes estragamos os presentes que a vida nos dá. Distraídos e alheios à alegria de estar onde estamos, rodeados pelas pessoas que amamos, não damos o devido valor ao que deveria ser valorizado. Tempos depois, revendo fotos antigas, ouvindo músicas de um tempo bom ou saboreando delícias que remetem a uma época feliz, murmuramos saudosos que "éramos felizes e não sabíamos...".

É preciso se saber feliz. É preciso se lambuzar de alegria presente e ser grato pelo que se concretizou em nossa vida.

Todos já passamos por sustos que provam que a vida é feita de altos e baixos. Por isso há que ser feliz na varanda dos dias, quando ainda há luz e calor. Não deixar para depois o reconhecimento de nossas dádivas, presentes que querem ser desembrulhados agora, com a euforia de meninos na noite de Natal.

Não deixe empoeirar os presentes que você recebe hoje. Não permita que a ferrugem do tempo estrague o brilho de suas realizações ao perceber, tarde demais, que abriu mão de suas maiores riquezas na ânsia de ser "muito" mais feliz.

Tem gente que espera ser feliz no próximo ano, no próximo aniversário, na próxima primavera. Não percebe que a felicidade não obedece a calendários nem floresce de acordo com as estações do ano. A felicidade acontece numa fagulha de instantes, e é preciso ter olhos atentos para não perdê-la.

Por isso é primordial fazer pactos com o presente e amar a vida que se tem. Cuidar daqueles que escolheram partilhar a vida conosco e olhar para trás com gratidão, nunca com nostalgia ou arrependimento.

O novo ano nos traz esperança. Porém, mais que pedir, devemos agradecer e cuidar. Agradecer o tempo de descanso ao acordar; agradecer o cheirinho de café nas primeiras horas da manhã; agradecer nosso trabalho; agradecer os amigos com quem dividimos nosso dia (tão próximos ou tão distantes – a internet nos aproximou tanto...); agradecer nosso lar, nossos filhos, nosso par...

Não adie a oportunidade de ser grato pelo que você tem. Suas possibilidades são dons preciosos, e você precisa saber enxergar e agradecer. Ame o que é seu, e conduza seu barquinho com a fé dos que acreditam navegar em águas mansas e deliciosas.

Não espere fogos de artifício quando a sorte lhe sorrir. A sorte é silenciosa, e você pode deixar passar simplesmente porque não soube enxergar.

Que venha o novo ano, as novas conquistas, cheirinho de roupa nova, esmalte cintilante e perfume borrifado no pescoço. Que haja fé e esperança, alegria e bonança. Mas que, principalmente, não nos falte a gratidão. A capacidade de amar o que temos para que a vida não nos ensine a amar o que tivemos...

FELIZ 2017!

Deixa partir o que não te pertence mais

Há uma semana, chegando ao fim do ano, uma amiga querida conversava comigo. Superando o fim de um casamento, disse que seu maior pedido para o ano-novo era não pensar mais na pessoa que se foi. Em silêncio orava a Deus pedindo para esquecer e seguir seus dias sem a presença do ex-marido em seus pensamentos. Concordei com minha amiga e, a distância, tenho orado por ela também. Para que consiga esquecer. Para que a lembrança dos dias felizes seja só uma recordação, não um aviso luminoso reafirmando sua dor. Para que enfim ela deixe partir o que não lhe pertence mais.

Assim como minha amiga, muita gente precisa sepultar os castelos que já foram derrubados, as sementes que não germinaram, as despedidas que se concretizaram.

Com ou sem o nosso consentimento, muita coisa morre em nossa vida. E é preciso força e lucidez para se despedir. Para aceitar o fim de uma estação e o começo de outra. Para desligar-se do que não existe mais e ter olhos atentos e coração aberto para o que quer nascer e florescer em nossa vida.

É preciso aprender a se despedir. Aprender a libertar certas pessoas ou situações de nossos laços, mesmo doendo, mesmo partindo. É preciso se transformar por dentro. Fazer de todos os dias a oportunidade de seguir em frente comungando do amor-próprio e da alegria de saber-se inteiro, cheio de bênçãos, cheio de novas possibilidades.

Neste ano que se inicia, peça a Deus um coração tranquilo. Um coração que aceita o que lhe foi reservado e comemora com ternura o que já conquistou.

Porque nem todos os caminhos sonhados se concretizam, e é preciso suportar as ausências, falhas e faltas que fazem parte da vida de qualquer um. Ter sabedoria para lidar com o que se despediu sem que a gente quisesse é a chave para amar a vida que se tem.

Já vi muito coração partido doer mais que joelho esfolado, e isso me dá a certeza de que deixar morrer um amor de dentro de nós leva tempo e alguma insistência; requer força de vontade e muita paciência.

Não é de uma hora pra outra que para de doer. Não é instantaneamente que a gente deixa de pensar. Mas é preciso deixar o tempo fazer seu papel e a vida lapidar as desistências.

Algumas coisas morrem sem o nosso consentimento, mas ainda assim a gente sobrevive. Ainda assim a gente continua e aprende a ser feliz de um jeito novo, de uma maneira que nos surpreende pela claridade e possibilidade.

Permita-se ser feliz e autorize que sua dor seja curada. Porque a gente se apega às dores também, e se acostuma silenciosamente ao sofrimento pela falta de alguém.

Espero que minha amiga consiga realizar seu desejo. Que afugente a dor e seque o pranto. Que deixe partir o silêncio, o desalento e toda mágoa. Que se desapegue das intenções não correspondidas, das reticências indecisas, dos sonhos que desistiram de cumprir seu destino. E que, principalmente, deixe morrer o medo de descobrir o que há por trás das novas janelas que começam a se abrir.

Feliz tempo novo!

ns
Nenhum dia termina

Envolvida pela leitura do ótimo *Minúsculos assassinatos e alguns copos de leite*, de Fal Azevedo, revisito as cenas de minha vida, as de ontem e as de hoje, e percebo o quanto os retalhos se entrelaçam, mostrando que o tempo passa e se repete, flui e permanece, conduz e é envolvido, avança e recua.

Nenhum dia termina, nenhuma história de hoje existe sozinha sem os vapores de ontem, nenhuma escolha ficará impune ao amanhã.

Somos a continuação dos planos, a evolução dos desejos, o prosseguimento das primeiras histórias.

Encostada no muro da casa da minha avó, aos oito anos, eu tecia meu primeiro diário. Nele exercitava meu desejo de fazer-me palavra escrita, e nenhum dia terminou desde aquela tarde. Hoje, em frente ao computador, dou continuidade às linhas da menina, alterando os versos, modificando a musicalidade, mas carregando em mim toda prosa dos primeiros atos.

Somos a soma dos dias; a língua queimada no primeiro gole de café quente, a embriaguez perfumada do primeiro porre, o hálito seco ao encontrar o grande amor da adolescência. Somos os quintais onde brincamos, as casas onde moramos, os beijos que ofertamos, as músicas que ouvimos, as goiabeiras que subimos, as emoções que provocamos.

Nenhum dia termina. Mesmo desbotados, não morrem os sonhos ou as ilusões. Mesmo atrasados, não morrem os risos nem as canções. Mesmo distantes, não morrem os sentidos ou as sensações.

Carregamos conosco retalhos do que fomos, fragmentos de um tempo em que a mãe batia um bolo e, equilibrando-nos em cima de uma cadeira alta, invadíamos a massa com nossos dedinhos atrevidos. Hoje, nossos filhos repetem o gesto como herdeiros de nossa memória e afetividade.

A gente diz "boa noite", mas os dias não vão embora. Permanecem vivos nos pijamas das crianças, nos vapores da chaleira, no cheiro aconchegante dos biscoitos na assadeira. Na voz delicada de Chico Buarque cantando "João e Maria", no livro antigo ofertado ao filho mais velho, na receita repetida pela moça recém-casada, na porcelana herdada, nas escolhas que carregam partes do que fomos.

Enquanto coloco na máquina de lavar as sensações ruins que também fazem parte do que sou, estendo no varal ao sol minhas promessas, meus desejos de menina, meus encontros e desencontros pela vida. E assim também percebo que tudo faz sentido, nenhuma peça está ali por acaso, e por isso sou grata aos dissabores também. Entendendo que somos continuação, sequência, consequência e conclusão.

Somos a soma dos dias, a constatação única de que nenhum dia termina.

Agradecimentos

Dizem que os livros têm vida, e acredito nisso também. Cada linha de minha narrativa reflete meu olhar perante o mundo e minhas emoções camufladas nas entrelinhas. No entanto, não escrevi este livro sozinha. Ele é rebento de meu caminho, e de todos que fazem parte dele, direta ou indiretamente.

Sou grata a Deus, meu amparo e fortaleza, por pintar arco-íris nas minhas tempestades e por permitir que minha vontade de publicar um livro fosse d'Ele também.

Agradeço ao Bernardo, que um dia vai crescer e perceber que estas páginas também são feitas de amor incondicional de mãe, bronca para escovar os dentes e leite morno no fim do dia. Obrigada, filho, por me inspirar com sua simplicidade de menino e cafuné gratuito nas horas mais felizes e improváveis.

A Luiz Antonio, meu marido e companheiro há dezesseis anos, que dentro da sua timidez encontra espaço para divulgar meu trabalho entre os pacientes do consultório e desconhecidos do supermercado, padaria ou farmácia. Você adorou cada história, e muitas vezes se conteve para não chorar. Obrigada por procurar seus óculos na bolsa toda vez que me aproximo com um texto novo e por nunca soltar a minha mão.

Agradeço à minha avó Leopoldina, que aos 89 anos ainda me ensina a me divertir mais e me preocupar menos. Ao jeito doce como atende ao telefone e descobre que sou eu do outro lado da linha, inspirando-me a ser melhor a cada dia. Por dividir comigo o café coado ou a cerveja gelada, e me fazer rir com seu jeito alegre e espontâneo.

Sou grata à minha mãe Claudete, que com seu olhar coruja e amor incondicional espalhou meu primeiro livro por todos os cantos do país com a fúria de uma leoa orgulhosa. Obrigada por me incentivar tanto, por enxergar em mim capacidades que nem eu mesma enxergo, por ser a primeira leitora de meus textos. Obrigada por estar comigo desde aquele prêmio de "Melhor Redação das Escolas Estaduais" há tanto tempo, quando eu tinha apenas onze anos, e por estar comigo agora, época em que publico minha segunda obra.

Ao meu pai Jarbas, por nossas longas conversas acerca dos livros que lemos ou vamos ler. Por me emprestar seus melhores exemplares com os votos de que eu aprimore meu jeito de escrever, e por desde muito cedo me mostrar como se faz um grande escritor. Você foi meu primeiro professor. Por meio de sua caligrafia miúda em versos amorosos para minha mãe, aprendi um pouco sobre a vida e o "tempo da delicadeza".

Ao meu irmão Jarbas Júnior, pela suavidade e beleza da capa de *Felicidade Distraída*, que foi concebida com carinho e prontidão, eternizando nossa parceria e nosso amor. Um dos textos de que mais gosto neste livro é "O problema não é crescer, mas esquecer", e ele se baseia nessa nossa cumplicidade de irmãos que dividiram o mesmo teto, os mesmos pais, as mesmas alegrias e angústias. Obrigada por estar ao meu lado nos melhores e piores momentos da minha vida. E, mais uma vez, obrigada pela capa do livro!

Ao meu irmão Leonardo, pela doçura e sensibilidade que só os caçulas sabem ter. Pela confiança que deposita em mim, imaginando que sou capaz de coisas inimagináveis, como escrever este livro. Obrigada pelos comentários entusiasmados e pela alegria que sente ao me ver feliz. Como já disse uma vez, "algumas coisas são inexplicáveis para quem está de fora...".

Ao tio Tou, meu segundo pai e grande influência na minha forma de ser e ver o mundo. Você me ensinou a beber vinho tinto, a gostar de noite de Natal na vida adulta e a ouvir Frank Sinatra com um sorriso saudoso no rosto. Minhas melhores recordações da infância são ao seu lado, e é nelas que me inspiro quando falta ar na varanda dos dias.

Todos os obrigadas para minha família, tios, tias, primos, primas, cunhadas, sobrinhos, sogro, amigos de ontem e de hoje. Às garotas do chapéu violeta e a todas as outras amigas de minha mãe. Vocês não têm ideia do quanto são importantes para mim.

Meus mais profundos agradecimentos à Josie Conti, idealizadora e editora chefe do site Conti Outra, pelo texto de contracapa deste livro e por todo carinho e profissionalismo dedicados a mim e ao meu blog. Josie foi uma das grandes surpresas que tive em 2016, graças às possibilidades que o mundo digital nos trouxe. Sua sensibilidade, generosidade e amizade jamais serão recompensadas como deveriam, pois tenho aprendido que "só as pequenas dívidas são pagas; as grandes, nunca".

Agradecimentos ao Sérgio Sousa (que torna tudo possível), ao Guilherme Moreira Júnior, ao Paulo Roberto Paolucci e aos colunistas do blog, que atrás de cada monitor inventam e consertam mundos, possibilitando que o blog se torne uma casa grande e alcance multidões.

Agradeço imensamente a todos os leitores do meu blog, o "A Soma de todos os Afetos" (www.asomadetodosafetos.com), e seguidores do Facebook, Instagram e Twitter, que dão vida às minhas palavras, permitindo que meus rabiscos ganhem cheiro, risos, lágrimas e suor. E quando o amarelar destas páginas chegar sem aviso, vou sempre me lembrar de que foi um livro vivido. Um livro que começou numa tela de computador, e que hoje ganha significado ao esbarrar na história pessoal de cada um de vocês.

À Editora Novo Século, que confiou no meu trabalho e está tornando este sonho possível. Muito obrigada!

grupo novo século

Compartilhando propósitos e conectando pessoas
Visite nosso site e fique por dentro dos nossos lançamentos:
www.gruponovoseculo.com.br

‹ns

- facebook/novoseculoeditora
- @novoseculoeditora
- @NovoSeculo
- novo século editora

gruponovoseculo.com.br

Edição: 2ª
Fonte: Glosa Text